MOJ OTAC ĆE VAM DATI U MOJE IME

Dr. Jaerock Lee

"Zaista, zaista, kažem vam: Ako što zamolite Oca, dat će vam u ime moje. Do sada ne moliste ništa u ime moje. Molite i primit ćete, da radost vaša bude potpuna." (Po Ivanu 16:23-24)

MOJ OTAC ĆE VAM DATI U MOJE IME
by Dr. Jaerock Lee

Nakladnik: Urim Books (Predstavnik: Johnny H. Kim)
73, Yeouidaebang-ro 22-gil, Dongjak-gu, Seoul, Korea
www.urimbooks.com

Sva prava pridržana. Ni ova knjiga, niti njezini dijelovi ne smiju se reproducirati niti u bilo kojem obliku, pohranjivati na računalni sustav elektroničkim, mehaničkim putom, fotokopiranjem, bez prethodnog pisanog odobrenja izdavača.

Osim ako nije drukčije naznačeno, svi citati iz Svetog pisma preuzeti su iz Biblije Kršćanske sadašnjosti, Zagreb, 2008. ®, autorska prava © prvo izdanje u vlastitoj nakladi izdavača Kršćanska sadašnjost, Zagreb, 2008. Odobreno korištenje. Korišteno s dopuštenjem.

Copyright © 2009 by Dr. Jaerock Lee
ISBN: 979-11-263-0669-5 03230

Autorska prava na prijevod © 2009 by Dr. Esther K. Chung.
Korišteno s dopuštenjem.

Prethodno na korejskom objavio 1990. Urim Books

Prvi put objavljeno u veljači 2021.

Urednica: Dr. Geumsun Vin
Dizajn: Urim Books
Preveo: Zoran Ivančić
Tisak: Yewon Priting Company
Za više informacija obratite nam se na: urimbook@hotmail.com

Poruka publikacije

"Zaista, zaista, kažem vam: Ako što zamolite Oca, dat će vam u ime moje" (Po Ivanu 16:23).

Kršćanstvo je vjera u kojoj ljudi sreću živog Boga i iskuse Njegov rad kroz Isusa Krista.

Budući da je Bog svemogući Bog koji je stvorio neba i zemlju, koji upravlja sa poviješću svemira kao i sa životom, smrti, kletvom i blagoslovom čovjeka, On odgovara na molitve Svoje djece i želi da oni vode blagoslovljene živote koji su ispravni kao djeca Boga. Svatko tko je pravo dijete Boga nosi sa sobom autoritete koji je dobio kao dijete Boga. Sa tim autoritetom, on treba živjeti život u kojem su sve stvari moguće, vidjeti da mu ništa ne manjka i uživati blagoslove bez ikakvoga povoda za zavist ili ljubomoru protiv drugih. Vodeći život koji se prelijeva sa obiljem, snagom i uspjehom, on mora davati slavu Bogu kroz svoj život.

Da bi uživao tako blagoslovljen život, on mora temeljito razumjeti zakon duhovnog svijeta u Božjim odgovorima i primiti sve što je pitao Boga u ime Isusa Krista.

Ova knjiga je zbirka poruka koje su pripovijedane u prošlosti za sve vjernike, posebno one koji iznad svake sumnje vjeruju u svemogućeg Boga i žele živjeti životom punim Božjih odgovora.

Neka ovaj rad Moj Otac će vam dati u moje ime služi kao vodič koji vodi sve čitatelje u shvaćanju zakona duhovnog svijeta u Božjim odgovorima i osposobe se primiti sve što pitaju u molitvama, u ime Isusa Krista ja se molim!

Ja dajem svu hvalu i slavu Bogu jer dopušta da ova knjiga nosi Njegovu prevrijednu riječ koja će se objaviti i izražavati moju iskrenu zahvalnost za sve koji su vrijedno radili za ovaj pothvat.

Jaerock Lee

Sadržaj

MOJ OTAC ĆE VAM DATI U MOJE IME

Poruka publikacije

Poglavlje 1
Načini primanja Božjih odgovora   1

Poglavlje 2
Mi Ga još uvijek moramo pitati   13

Poglavlje 3
Duhovni zakon Božjih odgovara   23

Poglavlje 4
Uništi zid grijeha   35

Poglavlje 5
Ti žanješ što si posijao   47

Poglavlje 6
Ilija je primio Božji odgovor sa vatrom   61

Poglavlje 7
Kako ispuniti želje svojeg srca   71

Poglavlje 1

Načini primanja Božjih odgovora

Dječice, ne ljubimo riječju ni jezikom, nego djelom i istinom. Po tom poznajemo, da smo od istine, i možemo srce svoje pred njim umiriti. Ako nas kori srce naše, Bog je veći od srca našega. On zna sve. Ljubljeni, ako nas srce ne kori, imamo pouzdanje u Boga, i štogod molimo, primamo od njega, jer zapovijedi njegove držimo i činimo, što je njemu ugodno

(1. Ivanova poslanica 3:18-22).

Jedan od izvora velike radosti za Božju djecu je činjenica da je svemogući Bog živ, odgovara na njihove molitve i u svim stvarima radi za njihovo dobro. Ljudi koji vjeruju u ovu činjenicu se revno mole tako da oni mogu primiti sve što pitaju od Boga i daju Mu hvalu dok im se srca ne zadovolje. 1. Ivanova poslanica 5:14 nam govori, *"I ovo je pouzdanje, koje imamo prema njemu, da nas usliši, ako što molimo po volji njegovoj."* Stih nas podsjeća da kada mi pitamo prema volji Boga, mi imamo pravo primiti sve od Njega. Bez obzira koliko zao roditelj može biti, kada njen sin pita za kruh ona mu neće dati kamen i kada on pita za ribu majka mu neće dati zmiju. Što, onda, može spriječiti Boga u davanju dobih darova Svojoj djeci kada Ga oni pitaju za njih?

Kada je Kaananska žena po Mateju 15:21-28 došla pred Isusa, ona nije samo primila odgovore na svoje molitve nego je također ispunila želju u svojem srcu. Iako je njena kći patila od užasne opsjednutosti demonom, žena je pitala Isusa da izliječi njenu kći jer je ona vjerovala da je sve moguće za one koji vjeruju. Što ti pretpostavljaš da je Isus učinio za ovu nevjerničku ženu koja Ga je pitala za ozdravljenje svoje kćeri bez odustajanja? Kao što pronalazimo po Ivanu 16:23, *"I u onaj dan nećete me pitati ni za što. Zaista, zaista, kažem vam: Ako što zamolite Oca, dat će vam u ime moje"* nakon što je Isus vidio ženinu vjeru On je odmah ispunio njen zahtjev. *"O ženo, velika je vjera tvoja, neka ti bude kako želiš"* (Po Mateju 15:28).

Kako je veličanstven i sladak Božji odgovor!

Ako mi vjerujemo u živog Boga, kao Njegova djeca mi Mu moramo davati slavu primajući sve što Ga mi pitamo. Sa stihom na kojem je ovo poglavlje bazirano, dopusti nam objasniti putove sa kojima mi možemo primiti Božje odgovore.

1. Mi moramo vjerovati u Boga koji nam obećava odgovoriti

Kroz Bibliju, Bog nam obećava da će nam On zasigurno dati odgovore na naše molitve i želje. Prema tome, samo kada ne sumnjamo u to obećanje, mi možemo revno pitati i primiti sve što pitamo od Boga.

Brojevi 23:19 govore, *"Bog nije čovjek da bi trebao lagati, niti je sin čovjeka da bi se trebao pokajati; kako je rekao tako i čini. On zar da rekne i da ne učini?"* Po Mateju 7:7-8 Bog nam obećava, *"Molite, i dat će vam se; tražite, i naći ćete; kucajte, i otvorit će vam se. Jer svaki, koji moli, prima; tko traži, nalazi; tko kuca, otvara mu se."*

Kroz cijelu Bibliju se nalaze mnoge reference koje pokazuju na Božje obećanje, da će nam On odgovoriti ako ga pitamo prema Njegovoj volji. Slijedeće je par primjera:

"Zato vam kažem: U molitvi možete zaželjeti, bilo štogod. Vjerujte samo, da ćete primiti, i bit će vam" (Po Marku 11:24).

"Ako ostanete u meni, i riječi moje ostanu u vama, štogod

hoćete, tražite, i bit će vam" *(Po Ivanu 15:7)*

Sve, što onda zamolite (Oca) u ime moje, učinit ću, da se proslavi Otac u Sinu (Po Ivanu 14:13)

"Kad me zazovete i idete i pomolite se meni, uslišit ću vas. Kad me zazovete i idete i pomolite se meni, uslišit ću vas" (Jeremiija 29:12-13).

"Prizovi me u dan nevolje, tada ću te izbaviti, a ti ćeš me slaviti" (Psalam 50:15).

Takvo Božje obećanje se pronalazi opet i opet u Starom i Novom Zavjetu. Čak i da postoji samo jedan biblijski stih koji spominje to obećanje, mi bismo se čvrsto držali tog stiha i molili se da bi primili Njegov odgovor. Međutim, jer je to obećanje pronađeno na mnogim mjestima kroz Bibliju, mi moramo vjerovati da je Bog uistinu živ i da On radi isto jučer, danas i zauvijek (Poslanica Hebrejima 13:8).

Nadalje, Biblija nam govori o mnogim blagoslovljenim muškarcima i ženama koji su vjerovali u Božju riječ, pitali i primili Njegove odgovore. Mi bismo trebali krenuti prema vjeri i srcu takvih ljudi i voditi naše živote na način da mi možemo uvijek primiti Njegove odgovore.

Kada je Isus rekao paraliziranom čovjeku po Marku 2:1-12, *"Oprošteni su ti grijehi tvoji. Zapovijedam ti, ustani, uzmi postelju svoju i idi kući"* paralizirani čovjek se ustao, uzeo svoju paletu i odšetao ispred mnoštva i svi su svjedoci bili oduševljeni i mogli su samo veličati Boga.

Centurion po Mateju 8:5-13 je došao pred Isusa jer je njegov sluga ležao paraliziran kući, jako mučen i rekao Mu, *"samo reci riječ, i ozdravit će sluga moj."* Mi znamo što je onda Isus rekao centurionu, *"Idi. neka ti bude, kako si vjerovao"* centurionov je sluga ozdravio taj isti trenutak.

Gubavac po Marku 1:40-42 je došao do Isusa i molio Ga na koljenima, "Ako hoćeš, možeš me očistiti" Kako je On postajao ispunjen sa suosjećanjem za gubavca, Isus je ispružio Svoju ruku i dotaknuo čovjeka, "Hoću, budi čist!" Pronalazimo da je guba napustila čovjeka i on je ozdravljen.

Bog dopušta da svi ljudi prime sve što Ga pitaju u ime Isusa Krista. Bog također želi da svi ljudi vjeruju u Njega koji im je obećao odgovore na molitve, da se mole sa nemijenjajućim srce bez odustajanja i postanu Njegova blagoslovljena djeca.

2. Vrste molitvi na koje Bog ne odgovora

Kada ljudi vjeruju i mole se prema Božjoj volji, žive prema Njegovoj riječi i umiru kao što zrno žita umire, Bog uzima u obzir njihova srca i posvetu, te odgovara na njihove molitve. Ipak, ako postoje osobe koje ne mogu primiti Božje odgovore unatoč njihovoj molitvi, što može biti uzrok tomu? Postoje mnogi ljudi u

Bibliji koji nisu uspjeli primiti Njegove odgovore iako su se molili. Promatrajući razloge zbog kojih ljudi nisu primili Božje odgovore, mi moramo naučiti kako mi možemo primiti odgovore od Njega.

Prvo, ako držimo grijeh u našim srcima i molimo se, Bog nam govori da On neće odgovoriti na našu molitvu. Psalam 66:18 nam govori, *"Da sam nosio u srcu svojem bezakonje, nikad me ne bi uslišio Svemogući"* i Izaija 59:1-2 nas podsjeća, *"Gle, nje prekratka ruka Gospodnja, da pomogne, nije gluho njegovo uho, da čuje. Ne, zlodjela vaša rastavljaju vas s Bogom vašim, grijehi vaši zaklonili su lice njegovo od vas, da ne čuje."* Jer će neprijatelj vrag presresti naše molitve zbog našeg grijeha, to onda samo tuče zrak i ne dolazi do Božjeg trona.

Drugo, ako se molimo usred svađe sa našom braćom, Bog nam neće odgovoriti. Jer nam naš nebeski Otac neće oprostiti osim ako mi ne oprostimo našoj braći iz našeg srca (Po Mateju 18:35), naša molitva ne može biti predana Bogu niti možemo dobiti odgovore.

Treće, ako se molimo da bi zadovoljili naše žudnje, Bog ne odgovara na naše molitve. Ako zanemarimo Njegovu slavu nego se molimo prema željama grešne prirode i potrošimo što smo primili od Njega za naše zadovoljstvo, Bog nam neće odgovoriti (Jakovljeva poslanica 4:2-3).

Na primjer, poslušnoj i vrijednoj kćeri otac će dati džeparac bilo da ga ona pita ili ne. Međutim, neposlušnoj kćeri koju nije briga za učenje otac neće biti voljan dati džeparac ili će se brinuti na što će potrošiti džeparac sa pogrešnim motivima. Na isti način, ako mi pitamo za nešto sa pogrešnim motivima i da bi zadovoljili želje grešne prirode, Bog nam ne odgovara jer ćemo otići na put koji vodi prema uništenju.

Četvrto, ne bismo se trebali moliti ili zavapiti prema idolima (Jeremija 11:10-11). Jer Bog mrzi idole iznad svega ostalog, mi se moramo moliti samo za spasenje njihovih duša. Svaka druga molitva ili zahtjeva koji je načinjen za njih ili u njihovu korist će proći neodgovoren.

Peto, Bog ne odgovara na molitve koje su ispunjene sa sumnjom jer mi možemo primiti odgovore od Gospoda samo kada mi vjerujemo i kad nema sumnji (Jakovljeva poslanica 1:6-7). Siguran sam da su mnogi od vas svjedočili ozdravljenjima od neizlječivih bolesti, razrješenje na pogled nemogućih rješenja kada ljudi pitaju Boga da se umiješa. Zato nam Bog govori, *"Zaista, kažem vam: Ako tko rekne gori ovoj: Digni se i baci se u more! i ne posumnja u srcu svojemu, nego vjeruje, da će se ispuniti riječ njegova, bit će mu to"* (Po Marku 11:23). Trebao bi znati da molitva koja je ispunjena sa sumnjom ne može dobiti odgovor i da samo molitva prema Božjoj volji donosi nedvojben smisao sigurnosti.

Šesto, ako ne slušamo Božje zapovijedi, naša molitva ne može dobiti odgovor. Kada mi slušamo Božje odgovore i činimo što Ga udovoljava, Biblija nam govori da mi možemo imati samopouzdanja pred Bogom i primiti od Njega sve što pitamo (1. Ivanova poslanica 3:21-22). Jer nam Mudre izreke 8:17 govore, *"Ja ljubim one, koji ljube mene i koji me traže, nađu me,"* molitva ljudi koji slušaju Bože zapovijedi u njihovoj ljubavi za Njega (1. Ivanova poslanica 5:3) zasigurno će biti odgovorena.

Sedmo, mi ne možemo primiti Božje odgovore bez sijanja. Jer Poslanica Galaćanima 6:7 čita, *"Ne varajte se: 'Bog se ne da ružiti, jer što čovjek posije, ono će i požeti'"* i 2. poslanica Korinćanima 9:6 nam govori, *"A ovo velim: Tko oskudno sije, oskudno će i žeti; a tko u blagoslovima sije, u blagoslovima će i žeti"* bez sijanja osoba ne može žeti. Ako čovjek sije molitvu, njegova će duša uspijevati; ako on sije prinose, on će primiti financijske blagoslove, te ako on sije sa svojim djelima, on će primiti blagoslove dobrog zdravlja. U zaključku, ti moraš sijati ono što želiš požeti i sijati prema tome da bi primio Božje odgovore.

U dodatku na uvijete iznad, ako ljudi propuste moliti u ime Isusa Krista, ili se propuste moliti iz svojeg srca, ili nastave žamoriti, njihova molitva neće biti odgovorena. Svađa među mužem i ženom (1. Petrova poslanica 3:7) ili neposluh ne daje im Božji odgovor.

Mi uvijek moramo imati na umu da takvi uvjeti iznad stvaraju zid grijeha između Boga i nas; On će okrenuti Svoje lice od nas i neće nam odgovoriti na naše molitve. Prema tome, mi moramo prvo tražiti Božje kraljevstvo i pravednost, zazivati Ga u molitvama da bi ostvarili želje našeg srca i uvijek primati Njegove odgovore držeći se čvrsto do kraja u čvrstoj vjeri.

3. Tajne primanja odgovora na naše molitve

U početnoj fazi života u Kristu, duhovno osoba se uspoređuje sa bebom i Bog odgovara na molitve odmah. Jer osoba još uvijek ne zna cijelu istinu, ako on stavi u djela riječ Boga koju je naučio čak i malo, Bog mu odgovara kao kad dijete plače za mlijekom i vodi ga do susreta sa Bogom. Kako on kontinuirano čuje i razumije istinu, on će rasti do faze "malog djeteta" i koliko god stavi istinu u djela, Bog će mu odgovoriti. Ako je osoba odrasla iz stadija "djeteta" duhovno ali nastavlja griješiti i ne živi prema riječi, on ne može primiti Božje odgovore; od te točke na dalje, on će vidjeti Božje odgovore prema toliko koliko posvećenosti ostvari.

Prema tome, da bi osoba koja nije primila odgovore primila Njegove odgovore, ona se prvo mora pokajati, okrenuti od svojih putova i početi voditi poslušan život u kojem ona živi prema Božjoj riječi. Kada oni borave u istini nakon pokajanja parajući svoje srce, Bog im daje veličanstvene blagoslove. Jer je Job imao vjeru koja je uskladištena kao znanje, na početku je prigovarao protiv Boga kada su iskušenja i patnje došla do njega. Nakon što je Job sreo Boga i pokajao se parajući svoje srce, on je oprostio svojim prijateljima i živio prema Božjoj riječi. Zauzvrat, Bog je dvostruko blagoslovio Joba (Job 42:5-10). Jona se našao zarobljen u velikoj ribi jer nije slušao riječ Boga. Ipak, kad se on molio, pokajao i dao hvalu u svojim molitvama sa vjerom, Bog je zapovjedio ribi i ona je povratila Jonu na suhu zemlju (Jona 2:1-10).

Kada se mi okrenemo sa naših putova, pokajemo se i živimo prema Očevoj volji, vjerujemo i zazivamo Ga, neprijatelj vrag će doći prema tebi iz jednog smjera ali bježati od tebe iz sedam smjerova. Prirodno, bolesti, problemi sa našom djecom i problemi sa financijama će se razriješiti. Opsjednut muž se pretvara u dobrog i toplog muža i mirna obitelj koja emitira Kristovu aromu će davati veliku slavu Bogu.

Ako smo se okrenuo sa naših putova, pokajali i primili Njegove odgovore na naše molitve, mi prvo moramo dati slavu Bogu svjedočeći našu radost. Kada mi udovoljimo i dajemo Mu slavu kroz naše svjedočenje, Bog ne prima samo slavu i radost u nama nego On također postaje željan pitati nas, "Što ću ti dati?"

Pretpostavimo da je roditelj dao svojem sinu dar i sin se ne čini zadovoljan ili ne izražava svoju zahvalnost na nikakav način. Majka mu neće htjeti više ništa dati. Međutim, ako sin postane jako zahvalan na daru i udovolji svojoj majci, ona postaje još radosnija i želi dati svojem sinu još darova i pripremi se prema tomu. Na isti način, mi ćemo primiti još više od Boga kada Mu dajemo slavu sjećajući se da je On naš Bog Otac koji se raduje kada Njegova djeca prime odgovore na svoje molitve i daje još više dobrih radova onima koji svjedoče Njegove odgovore.

Pitajmo svi mi prema Božjoj volji, pokažimo Mu svoju vjeru i uvjerenje i primimo od Njega sve što pitamo. Pokazivati Bogu našu vjeru i uvjerenje se može činiti teškim iz ljudske perspektive. Međutim, samo nakon takvog procesa kako mi odbacujemo teški grijeh koji stoji protiv vjere, fiksiramo naše oči na vječno nebo, primimo odgovore na naše molitve i gradimo naše nagrade u nebeskom kraljevstvu, naši će životi biti uzdignuti sa zahvalnosti, radosti i sa istinskom vrijednost. Nadalje, naši će životi biti još blagoslovljeniji zbog iskušenja i patnji koje smo morali otjerati i pravu udobnost koja se može osjetiti u Božjem vodstvu i zaštiti.

Neka svatko od vas pita sa vjerom sve što želite, molite se iskreno, borite sa grijehom i slušate Njegove zapovijedi da bi primili sve što pitate, udovoljite Mu u svakoj stvari i dajete veliku slavu Bogu, u ime Isusa Krista ja se molim!

Poglavlje 2

Mi Ga još uvijek moramo pitati

Tada ćete se spomenuti zlih putova svojih i djela svojih što nijesu bila dobra. Vi ćete pred sobom samima osjetiti gnusobu zbog svojih grijeha i gadova. Ne činim to zbog vas, govori svemogući Gospod, neka to znate! Postidite se i zarumenite se zbog putova svojih, kućo Izraelova! Ovako veli svemogući Gospod: U dan, kad vas očistim od svih grijeha vaših, iznova ću naseliti gradove, i ruševine će se opet sagraditi, Opustošena zemlja, što je prije pusta ležala pred očima svih prolaznika, opet će se obrađivati. Reći će se Zemlja ova, što je bila pusta, postala je kao vrt edenski, i gradovi što su ležali u ruševinama, pusti i opustošeni bili, sada su dobro utvrđeni. Narodi, što su preostali okolo vas, spoznat će da sam ja, Gospod, taj, koji je razoreno iznova sagradio i opustošeno opet zasadio. Ja, Gospod, to sam rekao i to ću izvršiti. Ovako veli svemogući Gospod: l to će me zamoliti kuća Izraelova, da im učinim: umnožit ću ih ljudima kao ovce.

(Ezekiel 36:31-37)

Kroz šezdeset i šest knjiga Biblije, Bog koji je isti jučer, danas i zauvijek (Poslanica Hebrejima 13:8) svjedoči činjenici da je On živ i na poslu. Svima onima koji vjeruju u Njegovu riječ i slušali su je u vrijeme Starog i Novog zavjeta te danas, Bog im je vjerno pokazao dokaze Svojeg rada.

Bog Stvoritelj svega u svemiru i Upravitelj života, smrti, kletvi i blagoslova čovječanstva je obećao "blagosloviti" nas (Ponovljeni zakon 28:5-6) sve dok mi vjerujemo i slušamo sve Njegove riječi koje pronalazimo u Bibliji. Sada, ako mi stvarno vjerujemo u tu veličanstvenu i prelijepu činjenicu, što bi nam manjkalo i što ne bismo mogli primiti? Mi pronalazimo u Brojevima 23:19, *"Bog nije čovjek da bi trebao lagati, niti je sin čovjeka da bi se trebao pokajati; kako je rekao tako i čini. On zar da rekne i da ne učini?"* Zar Bog govori i ne djeluje? Zar On obećava i ne ispunjava? Nadalje, pošto nam je Isus obećao po Ivanu 16:23, *"Zaista, zaista, kažem vam: Ako što zamolite Oca, dat će vam u ime moje,"* Božja djeca su stvarno blagoslovljena.

Prema tome, prirodno je za djecu Boga voditi živote sa kojima mogu primiti sve što pitaju i davati hvalu svojem nebeskom Ocu. Zašto, onda, većina kršćana ne uspijeva voditi takve živote? Sa stihom na kojem je ovo poglavlje bazirano, dopusti nam objasniti kako mi uvijek možemo primiti Božje odgovore.

1. Bog je progovorio i činiti će to ali Ga mi moramo pitati

Kao Božji izbor, ljudi Izraela su primili obilne blagoslove. Njima je obećano da ako potpuno slušaju i slijede Božju riječ, On će ih postaviti visoko iznad svih naroda na zemlju, dati im pobjedu nad neprijateljima koji ustaju protiv njih i blagosloviti sve što si oni stave u ruke (Ponovljeni zakon 28:7,7,8). Takvi blagoslovi su došli nad Izraelce kada su oni slušali riječ Boga, ali kada su učinili loše, ne slušali Zakon i slavili idole, u Božjem gnjevu oni su zarobljeni i njihova je zemlja uništena.

U to vrijeme, Bog je rekao Izreaelcima da ako se oni pokaju i okrenu od svojih opakih putova, On će im dopustiti da opustošena zemlja postane kultivirana i uništena mjesta će se ponovno izgraditi. Nadalje, Bog je rekao, *"Ja, Gospod, to sam rekao i to ću izvršiti. I to će me zamoliti kuća Izraelova, da im učinim"* (Ezekiel 36:36-37).

Zašto je Bog obećao Izraelcima da će On djelovati ali isto tako rekao da Ga svejedno trebaju "pitati"?

Iako Bog zna što mi trebamo čak i prije nego Ga pitamo (Po Mateju 6:8), On nam je također rekao, *"Molite, i dat će vam se... Jer svaki, koji moli, prima... koliko će više Otac vaš nebeski dati dobra onima, koji ga za to mole"* (Po Mateju 7:7-11)!

U dodatku, kao što nam je Bog rekao kroz Bibliju mi

moramo pitati i zazivati Ga da bi primili Njegove odgovore (Jeremija 33:3, po Ivanu 14:14), Božja djeca koja iskreno vjeruju u Njegovu riječ svejedno moraju pitati Boga iako je On progovorio i rekao da će djelovati.

U jednu ruku, kada Bog kaže, "Ja ću to učiniti," ako mi vjerujemo i slušamo Njegovu riječ, mi ćemo primiti odgovore. U drugu ruku, ako sumnjamo, testiramo Boga i ne uspijevamo biti zahvalni i umjesto toga prigovaramo u vremenima iskušenja i patnji- u sažetku, ako ne uspijemo vjerovati u Božje obećanje- mi ne možemo primiti Božje odgovore. Čak i ako je Bog obećao "Učinit ću to" to obećanje može biti ispunjeno samo kada se mi čvrsto držimo zavjeta u molitvi i u djelima. Za osobu se ne može reći da ima vjere ako ne pita nego samo traži to obećanje i govori, "Pošto je Bog rekao tako, tako će i biti." Niti ona može primiti Božje odgovore jer ne djela koja prate riječi.

2. Mi moramo pitati da bi primili Božje odgovore

Prvo, moraš se moliti da bi uništio zid koji stoji između tebe i Boga.

Kada je Daniel bio zarobljen u Babilonu nakon pada Jeruzalema, on je došao do Zapisa koji sadrži Jeremijino proročanstvo i naučio je da će razaranje Jeruzalema trajati sedamdeset godina. Tijekom tih sedamdeset godina, kako je Daniel naučio, Izrael će služiti kralju Babilona. Međutim, kad sedamdeset godina istekne, kralj Babilona, njegovo kraljevstvo i zemlja Kaldeanaca će postati prokleta i stalno će biti opustošena zbog njihovih grijeha. Iako su Izraelci bili zarobljenu u Babilonu u to vrijeme, Jeremijino proročanstvo da će naposljetku biti slobodni i vratiti se u svoju domovinu nakon sedamdeset godina je bilo trenutni izvor radosti i olakšanja za Daniela.

Ipak, Daniel, iako je lako mogao, nije podijelio tu radost sa svojim prijateljima Izraelcima. Umjesto toga, Daniel se zakleo da će moliti Boga sa molitvama i preklinjanjem, sa postom, žaljenjem i pepelom. I on se pokajao za svoje i Izraelske grijehe, pogreške, opakosti, pobune i okretanja od Božjih zapovijedi i zakona (Daniel 9:3-16).

Bog je otkrio kroz proroka Jeremiju ne kako će Izraelsko zarobljeništvu u Babilonu završiti; On je samo prorekao kraj zarobljeništva nakon sedam dekada. Međutim, jer je Daniel znao zakon duhovnog svijeta, on je bio svjestan da je zid stajao između Izraela i Boga i da ga se prvo treba uništiti da bi se Božja riječ ispunila. Čineći to, Daniel je pokazao svoju vjeru sa djelima. Kako je Daniel postio i pokajao se- za sebe i ostale Izraelce- jer su činili loše protiv Boga i posljedično su prokleti, Bog je uništio zid, odgovorio Danielu, dao Izraelcima "sedamdeset 'sedam' [tjedana]" i otkrio mu druge tajne.

Kako mi postajemo Božja djeca koja pitaju prema riječi našeg Oca, mi bismo trebali shvatiti da uništavanje zida grijeha prethodi primanje bilo kakvih odgovora na naše molitve i trebamo rušenje zida učiniti prioritetom.

Drugo, mi se moramo moliti sa vjerom u poslušnost.
U Izlasku 3:6-8 mi čitamo o Božjem obećanju ljudima Izraela, koji su u to vrijeme bili zarobljeni u Egiptu, da će ih On izbaviti iz Egipta i voditi ih u Kaanan, zemlju kojom teče med i mlijeko. Kaanan je zemlja koju je Bog obećao dati Izraelcima kao imanje (Izlazak 6:8). On je obećao u zavjetu dati zemlju njihovom nasljednicima i zapovjedio im da odu (Izlazak 33:1-3). To je obećana zemlja gdje je Bog zapovjedio Izraelcima uništavanje svih idola i upozorio ih protiv stvaranja zavjeta sa ljudima koji tamo već žive i njihovim bogovima, tako da Izraelci ne bi stvorili zamku između sebe i svojeg Boga. To je bilo obećanje od Boga koji uvijek ispunjava što je On obećao. Zašto, onda, Izraelci nisu mogli ući u Kaanan?

U svojem nevjerovanju u Boga i Njegovu moć, ljudi Izraela su prigovarali protiv Njega (Brojevi 14:1-3) i nisu Ga slušali i prema tome nisu uspjeli ući u Kaanan dok su stajali na njegovom pragu (Brojevi 14:21-23; Poslanica Hebrejima 3:18-19). Ukratko, iako je Bog obećao Izraelcima zemlju Kaanana, to im obećanje nije bilo od koristi ako oni nisu vjerovali ili Ga slušali. Da su oni vjerovali i slušali Ga, to obećanje bi se zasigurno ispunilo. Na kraju, samo Jošua i Kaleb koji su vjerovali u Božju riječ, zajedno sa nasljednicima Izraelaca, su mogli ući u Kaanan (Jošua 14:6-12). Kroz Izraelsku povijest, imajmo na umu da mi možemo primiti Božje odgovore samo kada Ga pitamo vjerujući u

Njegovo obećanje i u poslušnosti i primiti Njegove odgovore pitajući Ga sa vjerom.

Iako je sam Mojsije zasigurno vjerovao u Božje obećanje o Kaananu, jer Izraelci nisu vjerovali u Božju moć, čak ni on nije mogao ući u obećanu zemlju. Božji rad je nekad odgovoren sa vjerom jednog čovjeka ali u drugo vrijeme samo kada svi uključeni u proces imaju vjere koja je dovoljna za prikazivanje Njegova rada. Za ulazak u Kaanan, Bogu je trebala vjera cijelog Izraela, ne samo Mojsija. Ipak, jer On nije mogao pronaći takvu vjeru među ljudima Izraela, Bog im nije dopustio ulazak u Kaanan. Imaj na umu kada Bog traži vjeru ne samo jedne osobe nego svih uključenih, svi se ljudi trebaju moliti sa vjerom i u poslušnost i postati jedno u srcu da bi primili Njegove odgovore.

Kada je žena koja je patila od 12 godina krvarenja primila ozdravljenje dodirnuvši Isusov plašt, On je pitao, *"Tko se je dotakao moje haljine?"* i ona je svjedočila svojem ozdravljenu ispred svih okupljenih ljudi (Po Marku 5:25-34).

Svjedočenje osobe o prikazivanju Božjeg rada u svojem životu pomaže drugima u rastu njihove vjere i osnažuje iz u pretvaranju sebe u ljude molitve koji pitaju i primaju Njegove odgovore. Jer primanje Božjih odgovora sa vjerom omogućava nevjernicima imati vjeru i susretati živog Boga, to je zaista veličanstven način Njegovog slavljenja.

Vjerujući u i slušajući riječ blagoslova koja se nalazi u Bibliji i imajući na umu da mi još uvijek moramo pitati iako nam je Bog obećao, "Ja sam progovorio i učiniti ću to," neka mi uvijek primimo Njegove odgovore, postanemo Njegova blagoslovljena djeca i dajemo Mu slavu do zadovoljstva našeg srca.

Poglavlje 3

Duhovni zakon Božjih odgovara

Tada izađe i otide po svojemu običaju na Maslinsku goru. Za njim otiđoše učenici njegovi. Kad dođe tamo, reče im: "Molite se, da ne padnete u napast!" Udalji se od njih kako se može kamenom dobaciti, klekne na koljena i pomoli se: "Oče, ako hoćeš, ukloni ovu čašu od mene! Ali ne moja, nego neka bude volja tvoja!" Tada mu se javi anđeo s neba i okrijepi ga. Molio se jako revno, i Njegov se znoj pretvorio u kapljice krvi, padajući na pod. Diže se od molitve i pođe k učenicima svojim, ali ih nađe gdje spavaju od žalosti. Tada im reče: "Što spavate? Bdijte i molite se, da ne padnete u napast"

(Po Luki 22-39-46).

Božja djeca primaju spasenje i imaju pravo primiti od Boga sve što pitaju sa vjerom. Zato mi čitamo po Mateju 21:22, *"Sve, što zamolite pouzdano u molitvi, dobit ćete."* Ipak, mnogi se ljudi pitaju zašto ne primaju Božje odgovore nakon molitve, pitaju se da li su njihove molitve dostavljene Bogu ili sumnjaju da li je Bog uopće čuo njihove molitve.

Baš kao što moramo znati ispravne načine i rute da bi otišli na putovanje bez problema do određenog odredišta, samo kada mi postanemo svjesni ispravnog načina i rute molitve mi možemo primiti Njegove pravovremene odgovore. Sama molitva ne garantira Božje odgovore; mi moramo naučiti zakon duhovnog svijeta o Njegovim odgovorima i moliti se prema tom zakonu. Istražimo zakon duhovnog svijeta o Božjim odgovorima i vezu sa sedam Duhova Boga.

1. Zakon duhovnog svijeta o Božjim odgovorima

Jer je molitva pitanje svemogućeg Boga za stvari koje mi želimo i trebamo, mi možemo primiti Njegove odgovore samo kada Ga mi pitamo prema zakonu duhovnog svijeta. Bez obzira na količinu čovječjeg napora baziranog na njegovim mislima, slavi i znanju nikad neće dati Božje odgovore.

Jer je Bog pravedan Sudac (Psalam 7:11), čuje naše molitve i odgovara na njih, On zahtjeva od nas odgovarajuću količinu u zamjenu za Njegove odgovore. Božji odgovori na naše molitve se mogu usporediti sa kupovinom mesa od mesara. Ako je mesar povezan sa Bogom, vaga koju on koristi može biti uređaj sa kojim Bog mjeri, bazirano na zakonu duhovnog svijeta, može li ili ne osoba primiti Njegove odgovore.

Pretpostavimo da smo otišli mesaru kupiti dvije kile govedine. Kada ga mi pitamo za količinu mesa koju trebamo, mesar važe meso i gleda da li je ili nije meso skupilo težinu od dvije kile. Ako meso na vagi teži dvije kile, mesar prima od nas odgovarajuću količinu novca za dvije kile govedine, zamata meso i daje nam ga.

Na isti način, dok nam Bog daje odgovore na naše molitve, On bez promašaja prima nešto od nas što jamči Njegove odgovore. To je zakon duhovnog svijeta o Božjim odgovorima.

Bog čuje naše molitve, prihvaća nešto od nas sa odgovarajućom vrijednost i onda nam odgovara. Ako osoba još treba primiti Božje odgovore na svoje molitve, to je zato što još nije predstavio Bogu količinu koja je dostojna Njegovih odgovora. Jer suma koja je potrebna za primanje Njegovih odgovora ovisi o sadržaju molitve, dok on ne primi vrstu vjere sa kojom on može primiti Božje odgovore, on se mora moliti i sakupiti potrebnu količinu. Iako mi ne znamo u detalje potrebnu količinu koju Bog zahtjeva od nas, On zna. Prema tome, kako mi pozorno pratimo glas Duha Svetog, mi moramo pitati Boga za iste stvari sa postom, određene stvari sa zakletom noćnom molitvom, druge sa molitvama suza, a druge pak sa prinošenjem žrtvi. Takva djela akumuliraju potrebnu količinu da bi primili Božje odgovore, kako nam On daje vrstu vjere sa kojom mi možemo vjerovati i blagosloviti nas sa Svojim odgovorima. Čak i ako dvoje ljudi počnu u isto vrijeme zaklete molitve, jedan prima Božje odgovore odmah nakon početka zaklete molitve, dok drugi ne uspijeva primiti Njegove odgovore čak ni nakon što je vrijeme zaklete molitve prošlo. Kakvo objašnjenje mi možemo pronaći u ovoj različitosti?

Jer je Bog mudar i čini Svoje planove unaprijed, ako Bog objavi da osoba ima srce koje će se nastaviti moliti do kraja perioda zavjetne molitve, On će odmah odgovoriti na zahtjev osobe. Ipak, ako osoba ne uspije primiti Božje odgovore na problem sa kojim se ona suočava sada, to je zato što ona nije uspjela potpuno dati Bogu potrebnu količinu za Njegove odgovore. Kada se damo zavjet moliti se određeni period vremena, mi bismo trebali znati da Bog vodi naša srca tako da On može primiti potrebnu količinu molitvi za Njegove odgovore. Posljedično, ako mi ne uspijemo skupiti tu količinu, mi ne uspijevamo primiti Božje odgovore.

Na primjer, ako se čovjek moli za svojeg budućeg partnera, Bog traži ispravnu mladu za njega i predlaže tako da On može raditi za čovjekovo dobro u svim stvarima. To ne znači da se ispravna mlada pojavljuje pred čovjekovim očima iako on još nema dovoljno godina za ženidbu samo zato što se molio za nju. Jer Bog odgovara onima koji vjeruju da su primili Njegove odgovore, u vrijeme po Njegovo izboru On će njima otkriti Svoj rad. Međutim, kada osobina molitva nije isprava sa Njegovom voljom, nikakva količina vjere neće biti dovoljna za Božje odgovore. Ako taj isti čovjek traži i moli da njega buduća mlada ima takve vanjske uvjete kao edukaciju, izgled, bogatstvo, slavu i slično- drugim riječi, molitva ispunjena sa pohlepom oblikovana unutar okvira njegovog uma- Bog mu neće odgovoriti.

Čak i ako se dvoje ljudi moli Bogu sa istim problemom, stupanj njihove posvećenosti i mjere vjere sa kojom oni mogu potpuno vjerovati je različit, količina molitve koju Bog primi je također različita (Otkrivenje 5:8). Jedan čovjek može primiti Božje odgovore unutar mjesec dana dok drugom treba dan.

Nadalje, što veća važnost Božjih odgovora na molitve, veća količina molitvi je potreba. Prema zakonu duhovnog svijeta, velika lađa će biti jače testirana i izaći kao zlato, dok mala lađa će biti testirana na manjoj skali i Bog će ju samo malo koristiti. Prema tome, ne smijemo suditi druge i govoriti, "Pogledaj njegove poteškoće unatoč njegovoj vjernosti!" i razočarati Boga na taj način. Među praocima vjere, Mojsije je testiran 40 godina i Jakob 20 godina i mi znamo kako je prikladna lađa svaki od njih postao u Božjem vidu i kako su korišteni za Njegovu veliku svrhu nakon prevladavanja svojih iskušenja. Misli o procesu u kojem je nacionalni nogometni tim stvoren i treniran. Ako je vještina određenog igrača vrijedna njegovog stavljanja na popis, samo nakon još više vremena i napora on će moći predstavljati svoju zemlju.

Bilo da je odgovor koji mi tražimo od Boga velik ili malen,

mi prvo moramo pokrenuti Njegovo srce da bi primili Njegove odgovore. U molitvi da bi primili sve što pitamo, Bog će biti pokrenut i odgovoriti nam kada Mu mi damo potrebnu količinu molitve, očistimo naša srca da ne bi imali zid grijeha koji stoji između nas i Boga i dati Mu zahvalnost, radost, prinose i slično kao prikaz naše vjere u Njega.

2. Veza između zakona duhovnog svijeta i sedam duhova

Kako smo mi ispitali metaforu o mesaru i njegovoj vagi, prema zakonu duhovnog svijeta Bog mjeri količinu svačije molitve bez greške i odlučuje da li je osoba prikupila potrebnu količinu molitve. Dok većina ljudi čini sud o određenoj temi samo sa onim što je vidljivo sa očima, Bog čini točnu presudu sa sedam Duhova Boga (Otkrivenje 5:6). Drugim riječima, kada osobu sedam Duhova proglasi kvalificiranom, njoj Bog daje odgovore na molitve.

Što sedam Duhova mjeri?

Prvo, sedam Duhova mjeri vjeru osobe.
U vjeri, postoji "duhovna vjera" i "tjelesna vjera." Vrsta vjere koju sedam Duhova mjeri nije vjera kao znanje- tjelesna vjera- nego duhovna vjera koja je živa i popraćena djelima (Jakovljeva poslanica 2:22). Na primjer, postoji scena po Marku 9 u kojoj otac djeteta koje je bilo opsjednuto demonom koji ga je

učinio nijemim je došao pred Isusa (Po Marku 9:17). Otac je rekao Isusu, "Vjerujem, pomozi mojemu nevjeru!" Ovdje otac ispovijeda svoju tjelesnu vjeru, govoreći "Ja vjerujem" i pitao Ga za duhovnu vjeru, govoreći, "Pomozi mojem nevjeru!" Isus je odgovorio ocu odmah i ozdravio dječaka (Po Marku 9:18-27).

Nemoguće je udovoljiti Bogu bez vjere (Poslanica Hebrejima 11:6). Ipak, jer mi možemo ispuniti želje naših srca kada Ga udovoljimo, sa vjerom koja je ugodna Bog mi možemo ostvariti želje naših srca. Prema tome, ako ne primimo Božje odgovore čak i ako nam je On rekao, "Bit će učinjeno za tebe kao što si vjerovao," to znači da naša vjera još nije potpuna.

Drugo, sedam Duhova mjeri radost.

Jer nam 1. poslanica Solunjanima 5:16 govori da se uvijek radujemo, Božja volja za nas je da se uvijek radujemo. Umjesto da budu radosni u teškim vremenima, mnogi kršćani danas zarobljavaju se u anksioznost, strah i brigu. Ako oni stvarno vjeruju u živog Boga sa svim svojim srce, oni uvijek mogu biti radosni bez obzira na situaciju u kojoj se oni nalaze. Oni mogu biti radosni u vatrenoj nadi koja leži u vječnom nebeskom kraljevstvu, ne u ovom svijetu koje će proći za kratko vrijeme

Drugo, sedam Duhova mjeri molitvu.

Jer nam Bog govori da se molimo bez prestanka (1. poslanica Solunjanima 5:17) i obećava dati onima koji Ga pitaju (Po Mateju 7:7), ima smisla primiti od Boga sve što pitamo u molitvi.

Vrsta molitve sa kojom je Bog zadovoljan obuhvaća redovnu molitvu (Po Luki 22:39) i klečanje u molitvu prema Božjoj volji. Sa takvim stavom i držanjem, mi ćemo prirodno zazivati Boga sa svim našim srcem i naša molitva će biti puna vjere i ljubavi. Bog ispituje takvu vrstu molitve. Mi se ne trebamo moliti samo kada želimo nešto ili kada smo tužni i brbljati u molitvi, nego se trebamo moliti prema Božjoj volji (Po Luki 22:39-41).

Četvrto, sedam Duhova mjere zahvalnost.
Jer nam je Bog zapovjedio da dajemo zahvalnost u svemu (1. poslanica Solunjanima 5:18), svatko sa vjerom bi trebao prirodno davati hvalu u svemu sa cijelim srcem. Pošto nas je On pomaknuo sa puta uništenja na put vječnog života, kako mi možemo *ne* biti zahvalni? Mi trebamo biti zahvalni za Božje sretanje sa onima koji Ga iskreno traže i Njegove odgovore onima koji Ga pitaju. Nadalje, čak i ako se mi susretnemo sa poteškoćama u našem kratkom životu na ovom svijetu, mi bismo trebali biti zahvalni jer su naše nade u vječnom nebu.

Peto, sedam Duhova mjeri držimo li ili ne Božje zapovijedi.
1. Ivanova Poslanica 5:2-3 nam govori, *"Po tom znamo, da ljubimo djecu Božju, ako Boga ljubimo i njegove zapovijedi držimo"* Božje zapovijedi nisu tegobne (1. Ivanova Poslanica 5:3). Čovjekova molitva iz navike na koljenima i zazivanje Bogu u molitvi ljubavi koja proizlazi iz njegove vjere. Sa tom vjerom i u njegovoj ljubavi prema Bogu, on će se moliti prema Njegovoj riječi.

Ipak, mnogi ljudi prigovarao o manjku Božjih odgovora kada oni idu zapadno iako im Biblija govori da "Idu istočno." Sve što trebaju učiniti je vjerovati što im Biblija kaže i slušati. Jer su oni brzi u stavljanju Božje riječi sa strane, procjenjivanju svake situacije prema svojim mislima i teorijama i mole se prema svojim vrijednostima, Bog okreće Svoje lice od njih i ne odgovara im. Pretpostavimo da si ti obećao sresti svog prijatelja na kolodvoru u New Yorku ali kasnije si shvatio da ti se više sviđa autobus nego vlak i otišao si autobusom u New York. Bez obzira koliko ti čekaš na autobusnom stajalištu, nikad se nećeš sresti sa svojim prijateljem. Ako ideš zapadno čak i nakon što ti je Bog rekao "Idi istočno," ti ne možeš reći da Ga slušaš. Ipak, tragično je i srceparajuće vidjeti kako mnogi kršćani imaju takvu vjeru. To nije ni vjera ni ljubav. Ako mi kažemo da volimo Boga, samo je prirodno za nas držati Njegove zapovijedi (Po Ivanu 14:15, 1. Ivanova poslanica 5:3).

Ljubav za Boga će te tjerati prema molitvi još revnije i marljivije. To će posljedično roditi plod u spasenju duša i evangelizaciji i ostvarivanje Božjeg kraljevstva i pravednosti. I tvoja duša će uspijevati i ti ćeš primiti moć molitve. Jer si ti primio odgovore i dao hvalu Bogu i jer ti vjeruješ da će sve to biti nagrada na nebu, ti ćeš biti zahvalan i nećeš se umarati. Prema tome, ako mi ispovijedamo našu vjeru u Boga, prirodno je za da slušamo Deset Zapovijedi, sažetak šezdeset i šest knjiga Biblije.

Šesto, sedam Duhova mjere vjernost.

Bog želi da budemo vjerni ne samo u određenom djelu nego da budemo vjerni u svoj Njegovoj kući. Nadalje, kao što je zapisano u 1. poslanici Korinćanima 4:2, *"I ovdje se od upravitelja traži, da se tko vjeran nađe"* ispravno je za one koji imaju Bogom dane dužnosti pitati Boga za osnaženje da bi bili vjerni u svemu i da im ljudi oko njih vjeruju. U dodatku, oni bi trebali pitati za vjernost kod kuće i na poslu te, kako oni pokušavaju biti vjerni u svemu u čemu igraju ulogu, njihova vjernost mora biti ostvarena u istini.

Sedmo i posljednje, sedam Duhova mjeri ljubav.

Čak i ako je osoba kvalificirana prema šest standarda iznad, Bog nam govori da smo bez ljubavi "ništa" nego "zvečeće cimbalo," i najveće među vjerom, nadom i ljubavi je ljubav. Nadalje, Isus je ispunio zakon u ljubavi (Poslanica Rimljanima 13:10) i kao Njegova djeca samo je ispravno da volimo jedan drugoga.

Da bi primili Božje odgovore na naše molitve, mi prvo moramo biti kvalificirani kada se mjerimo prema standardu sedam Duhova. Znači li to da novi vjernici, koji još ne znaju istinu, ne mogu primiti Božje odgovore?

Pretpostavimo da malo dijete koje još ne može pričati, jedan dan jasno progovori "Mama!" Njegovi roditelji bi bili presretni i dali bi djetetu sve što poželi.

Na isti način, pošto ima različitih nivoa vjere, sedam Duhova mjeri svaki i odgovara prema njima. Prema tome, Bog je pokrenuti i radostan odgovoriti novaku kada on pokaže čak i malu vjeru. Bog je pokrenut i radostan odgovoriti kada vjernik na drugom ili trećem nivou vjere ima prikupljenu njihovu mjeru vjere. Vjernici na četvrtom ili petom nivou vjere, kako oni žive prema Božjoj volji i mole se na još pristajućiji način Njemu, oni su odmah kvalificirani u vidu sedam Duhova i primaju Božje odgovore još bolje.

U zaključku, veći nivo vjere na kojem se osoba nalazi- kako je on sve više svjestan zakona duhovnog svijeta i živi prema njemu- to brže on prima Božje odgovore. Ipak, zbog čega novaci češće brže primaju Božje odgovore? Sa milosti koju je primio od Boga, novi vjernik postaje ispunjen sa Duhom Svetim i kvalificiran je u vidu sedam Duhova i prema tome brže prima Božje odgovore.

Međutim, kako on odlazi dublje u istinu on postaje lijen i postepeno gubi prvu ljubav kako se revnost koju je jednom imao ohladi i tendencija "izmišljati kako se krećeš" razvija.

U našem žaru za Bogom, postanimo ispravni u vidu sedam Duhova revno živeći prema istini, primimo od našeg Oca sve što pitamo u molitvi i vodimo blagoslovljen život u kojemu Mu možemo davati hvalu!

Poglavlje 4

Uništi zid grijeha

Gle, nje prekratka ruka Gospodnja,
da pomogne, nije gluho njegovo uho,
da čuje.
Ne, zlodjela vaša rastavljaju
vas s Bogom vašim,
grijehi vaši zaklonili su lice njegovo od vas,
da ne čuje

(Izaija 59:1-2).

Bog govori Svojoj djeci po Mateju 7:7-8, *"Molite, i dat će vam se; tražite, i naći ćete; kucajte, i otvorit će vam se. Jer svaki, koji moli, prima; tko traži, nalazi; tko kuca, otvara mu se"* i obećava im odgovore na njihove molitve. Ipak, zašto mnogi ljudi ne uspijevaju primiti Božje odgovore na njihove molitve unatoč Njegovom obećanju?

Bog ne čuje molitve grešnika; On okreće Svoje lice od njih. On također ne može odgovoriti na molitve ljudi koji imaju zid grijeha koji stoji na njihovom putu do Boga. Prema tome, da bismo uživali u dobrom zdravu i da nam sve može dobro ići čak i dok nam duše uspijevaju, uništavanje zida grijeha koji blokira naš pogleda na Boga mora biti prioritet.

Istraživajući razne elemente koji su imali ulogu stvaranja zida grijeha, ja potičem svakog od vas da postane Božje blagoslovljeno dijete koje se pokaje svojih grijeha ako postoji zid grijeh između Boga i vas, primiti sve što pitate Boga u molitvama i dajete Mu slavu.

1. Uništi zid grijeha za svoju nevjeru u Boga i ne prihvaćanje Gospoda kao svojeg Spasitelja

Biblija diktira da je grijeh za svakoga ne vjerovati u Boga i ne prihvaćati Isusa Krista kao svojeg Spasitelja (Po Ivanu 16:9). Mnogi ljudi kažu, "Ja sam bezgrešan jer vodim dobar život," ali u duhovnom neznanju oni čine takve izraze bez znanja prirode grijeha. Jer riječ Boga nije u njihovim srcima, te osobe ne znaju razliku između prave ispravnosti i prave grešnosti i ne mogu razlikovati dobro od zla. Nadalje, bez znanja prave pravednosti, ako im standard svijeta kaže, "Ti nisi toliko zao," oni mogu reći bez suzdržavanja da su dobri. Bez obzira koliko dobar život osoba može misliti da vodi, kada pogleda na svoj život pod svjetlom Božje riječi nakon prihvaćanja Isusa Krista, on otkriva da njegov život nije bio uopće "dobar." To je zato što on shvaća da je najveći grijeh što nije vjerovao u Boga i prihvatio Isusa Krista. Bog je dužan odgovoriti na molitvu ljudi koji su prihvatili Isusa Krista i postali Njegova djeca, dok djeca Boga imaju pravo primiti Njegove odgovore na svoje molitve prema Njegovom obećanju.

Razlog zašto Božja djeca- koja vjeruj u Njega i koja prihvaćaju Isusa Krista kao svojeg spasitelja- ne mogu primiti odgovore na svoje molitve je taj što oni ne mogu prepoznati postojanje zida, koji je proizašao iz njihova grijeh i zla, zid stoji između Boga i njih. Zato čak i ako oni poste ili ostaju preko cijele noći u molitvi, Bog okreće Svoje lice od njih i ne odgovara im na molitve.

2. Uništi grijeh ne uspijevanja voljenja drugih

Bog nam govori da je prirodno da Njegova djeca vole jedni druge (1. Ivanova poslanica 4:11). U dodatku, jer nam On govori da volimo čak i svoje neprijatelje (Po Mateju 5:44), mrziti našu braću umjesto voljeti ih znači ne slušati riječ Boga i to se smatra grijehom.

Jer je Isus Krist pokazao Svoju ljubav kroz razapeće za

čovječanstvo, koji je bilo zarobljeno u grijeh i zlo, ispravno je za nas voljeti naše roditelje, braću i djecu. Ipak, veliki je grijeh pred Bogom imati takve beznačajne osjećaje kao mržnju i nevoljkost oprostiti drugima. Bog nam nije zapovjedio pokazati Mu vrstu ljubavi sa kojom je Isus umro na križu da bi iskupio ljude od naših grijeha; On nas je samo pitao da okrenemo mržnju u oprost drugima. Zašto je onda to tako teško?

Bog nam govori da je svatko tko mrzi svoju braću "ubojica" (1. Ivanova poslanica 3:15) i da će nas Otac tretirati na isti način osim ako ne oprostimo braći (Po Mateju 18:35) i potiče nas da imamo ljubav i držimo se podalje od prigovaranja protiv naše braće i izbjegavamo sud (Jakovljeva poslanica 5:9).

Jer Duh Sveti boravi u svakom od nas, sa ljubavi Isusa Krista koji je razapet i iskupio nas od grijeha prošlosti, sadašnjosti i budućnosti, mi možemo voljeti sve ljude kada se mi pokajemo pred Njim, okrenemo od naših putova i primimo Njegov oprost. Međutim, jer ljudi ovog svijeta ne vjeruju u Isusa Krista, za njih nema oprosta iako se oni pokaju i oni nisu u mogućnosti dijeliti pravu ljubav sa drugima bez vodstva Duha Svetog.

Čak i ako te tvoj brat mrzi, ti moraš imati vrstu srca sa kojim možeš stajati sa istinom, shvatiti ga i oprostiti mu i moliti se za njega u ljubavi, tako da ti sam ne postaneš grešnik. Ako mi mrzimo našu braću umjesto ljubavi prema njima, mi ćemo griješiti pred Bogom, izgubiti našu punoću Duha Svetog, postati jadni, budalasti i provoditi naše dane naričući. Ne bismo trebali očekivati Božji odgovori na naše molitve.

Samo sa pomoći Duha Svetog mi možemo voljeti, shvaćati i oprostiti našoj braći i primiti od Boga sve što pitamo u molitvama.

3. Uništavanje zida grijeha neposluha Božjih zapovijedi

Po Ivanu 14:21 Isus nam govori, *"Tko ima zapovijedi moje i drži ih, on je onaj, koji me ljubi. A tko ljubi mene, njega će ljubiti Otac moj, i ja ću ga ljubiti i objavit ću mu sebe samoga."* Iz tog razloga, 1. Ivanova poslanica 3:21 govori nam da "Ljubljeni, ako nas srce ne kori, imamo pouzdanje u Boga." Drugim riječima, ako je zid grijeha stvoren zbog našeg neposluha prema Božjim zapovijedima, mi ne možemo primiti Njegov odgovor na naše molitve. Samo kada Božja djeca slušaju zapovijedi svojeg Oca i čine što Mu je ugodno oni Ga mogu pitati za sve što žele sa pouzdanjem i primiti sve što pitaju.

1. Ivanova poslanica 3:24 nas podsjeća, *"I tko drži zapovijedi njegove, u njemu ostaje, i on u njemu; i po tom poznajemo, da ostaje u nama, po Duhu, kojega nam je dao."* Naglašava da samo kada je ljudsko srce ispunjeno sa istinom u potpunosti dajući srce našem Gospodu i živjeti sa vodstvom Duha Svetog, on može primiti sve što pita i njegov će život uspijevati na svaki način.

Na primjer, ako postoji sto soba u srcu osobe i on ih sve daje

Gospodu, njegova će duša uspijevati i on će primiti blagoslove i sve će mu dobro ići. Ipak, ako ista osoba da pedeset soba Gospodu u svojem srcu i koristi ostalih pedeset soba kako želi, on ne može uvijek primiti Božje odgovore jer će on primiti vodstvo Duha Svetog samo polovicu vremena dok koristi drugih pedeset da bi pitao Bog u svojim mislima ili prema požudnim željama tijela. Jer naš Gospod boravi u svakom od nas, čak i ako postoji prepreka pred nama On nas osnažuje da idemo oko nje ili preko nje. Čak i ako prolazimo kroz dolinu sjena On nam daje načina za izbjegavanje, radi za naše dobro u svim stvarima i vodi naše putove do uspjeha.

Kada mi udovoljimo Bogu slušajući Njegove zapovijedi, mi živimo u Bogu i On živi u nama i mi Mu možemo dati slavu dok primamo sve što smo pitali u molitvama. Srušimo zid grijeha ne slušanja Božjih zapovijedi, počnimo ih slušati, postanimo samopouzdani pred Bogom i dajmo Mu slavu primajući sve što pitamo.

4. Uništi zid grijeha moleći se zadovoljiti svoje žudnje

Bog nam govori da činimo sve u životu za Njegovu slavu (1. poslanica Korinćanima 10:31). Ako se molimo za bilo što osim za Njegovu slavu, mi tražimo ispuniti naše žudnje i želje tijela i ne možemo primiti Božje odgovore na takve zahtjeve (Jakovljeva poslanica 4:3).

U jednu ruku, ako ti tražiš materijalne blagoslove za Božje kraljevstvo i Njegovu pravednost, pomoć siromašnima i spasonosni rad za duše, ti ćeš primiti Božje odgovore jer ti zapravo tražiš Njegovu slavu. U drugu ruku, ako tražiš materijalne blagoslove u nadi da ćeš se hvaliti braći koja te kore, "Kako možeš biti siromašan kad ideš u crkvu?" ti se zapravo moliš prema zlu da bi zadovoljio svoje čežnje i neće biti odgovora na tvoje molitve. Čak i u ovom svijetu, roditelji koji stvarno vole svoju djecu neće mu dati 100 $ koje će potrošiti na igre. Na isti način, Bog ne želi da Njegova djeca hodaju pogrešnim putem i zato On ne odgovara na svaki zahtjev koji Njegova djeca zatraže.

1. Ivanova poslanica 5:14-15 nam govori, *"I ovo je pouzdanje, koje imamo prema njemu, da nas usliši, ako što molimo po volji njegovoj. I kad znamo, da nas usliši, štogod molimo, znamo, da primamo, što ga zamolismo."* Samo kada mi odbacimo naše čežnje i molimo se prema Božjoj volji i za Njegovu slavu, mi ćemo primiti sve što Ga pitamo u molitvi.

5. Uništi zid grijeha sumnjanja u moć

Bog je zadovoljan kada Mu mi pokažemo našu molitvu, bez vjere je nemoguće udovoljiti Bogu (Poslanica Hebrejima 11:6). Čak i iz Biblije mi možemo pronaći mnoge primjere u kojima su Božji odgovori došli do ljudi koji su Mu pokazali svoju vjeru (Po Mateju 20:29-34, po Marku 5:22-43,9:17-27,10:46-52). Kada ljudi ne uspijevaju pokazati svoju vjeru u Boga, oni su prekoreni zbog svoje "male vjere" čak i ako su oni Isusovi učenici (Po Mateju 8:23-27). Kada ljudi pokazuju Bogu svoju veliku vjeru u Njega, čak i nevjernici su pohvaljeni (Po Mateju 15:28).

Bog prekorava one koji nisu u mogućnosti vjerovati nego radije sumnjaju čak i malo (Po Marku 9:16-29) i govori nam da ako mi imamo čak i malo sumnje u molitvi, mi ne bismo trebali misliti da ćemo primiti bilo što od Gospoda (Jakovljeva poslanica 1:6-7). Drugim riječima, čak i ako postimo i molimo se preko noći, ako je naša molitva ispunjena sumnjom, ne bismo trebali očekivati da ćemo primiti Božje odgovore.

Nadalje, Bog nas podsjeća, *"Zaista, kažem vam: Ako tko rekne gori ovoj: Digni se i baci se u more! i ne posumnja u srcu svojemu, nego vjeruje, da će se ispuniti riječ njegova, bit će mu to. Zato vam kažem: U molitvi možete zaželjeti, bilo štogod. Vjerujte samo, da ćete primiti, i bit će vam"* (Po Marku 11:23-24).

Jer *"Nije Bog kao čovjek, da laže, nije kao sin čovječji da se kaje"* (Brojevi 23:19), kao što je obećano Bog uistinu odgovara na molitve onih koji vjeruju i pitaju za Njegovu slavu. Ljudi koji vole Boga i posjeduju vjeru vezani su vjerovati i tražiti Božju slavu i zato im se govori da traže sve što žele. Kako oni vjeruju, pitaju i primaju odgovore na sve što pitaju, ti ljudi mogu dati slavu Bogu. Odstranimo iz sebe sve sumnje i samo vjerujmo, pitajmo i primajmo od Boga tako da Mu možemo davati slavu do našeg zadovoljstva.

6. Uništavanje zida grijeha ne sijanja pred Bogom

Kao Upravitelj svega u svemiru, Bog je uspostavio zakon duhovnog svijeta i kao pravedni Sudac On vodi sve na uredan način.

Kralj Darije nije mogao spasiti svog voljenog slugu Daniela iz lavlje jazbine jer, čak ni kao kralj, on nije mogao zanemariti dekret koji je on sam napisao. Isto tako, jer Bog ne može zanemariti zakon duhovnog svijeta kojeg je On Sam uspostavio, sve u svemiru se kreće sustavno pod Njegovim nadzorom. Prema tome, "Bog se ne da izrugivati" i dopušta čovjeku žeti što je posijao (Poslanica Galaćanima 6:7) Ako osoba sije molitvu, ona će primiti duhovne blagoslove; ako ona sije svoje vrijeme, ona će primiti blagoslove dobrog zdravlja, ako sije prinose, Bog ju drži podalje od problema u poslu, radu, kod kuće i daje još veće materijalne blagoslove.

Kada mi sijemo pred Bogom na razne načine, On odgovara na naše molitve i daje nam sve što pitamo. Revno sijući pred Bogom, nemojmo samo rađati obilne plodove nego primimo sve što Ga pitamo u molitvama.

U dodatku na šest zidova grijeha koji su spomenuti iznad, "grijeh" uključuje takve želje i djela tijela kao nepravednost, zavist, gnjev, ljutnju i ponos, ne boriti se protiv grijeha do točke prolijevanja krvi i ne biti revan za kraljevstvo Boga. Učeći i razumijevajući različite faktore koji sastavljaju zid koji stoji između Boga i nas, srušimo zid grijeha i uvijek primajmo Božje odgovore, prema tome dajmo Mu slavu. Svi mi bismo trebali postati vjernici koji uživaju dobro zdravlje i svaki naš pothvat nam ide dobro čak i dok nam duše uspijevaju.

Bazirano na Božjoj riječi koja se nalazi u Izaija 59:1-2, mi smo ispitali brojne faktore koje sadrži zid grijeha koji stoji između Boga i nas. Neka svatko od vas postane blagoslovljeno dijete Boga koje prvo razumije prirodu tog zida, uživa dobro zdravlje i da mu svaki trud uspijeva čak i dok mu duša uspijeva i daje hvalu svojem nebeskom Ocu primajući sve što pita u molitvama, u ime Isusa Krista ja se molim!

Poglavlje 5

Ti žanješ što si posijao

A ovo velim: Tko oskudno sije, oskudno će i žeti; a tko u blagoslovima sije, u blagoslovima će i žeti. Svaki, kako je odlučio u srcu, a ne sa žalošću ili od nevolje,
jer Bog ljubi vesela darovatelja

(2. Poslanica Korinćanima 9:6-7).

Svaku jesen, mi možemo vidjeti obilje zlatnih valova zrele riže u poljima. Da bi se te rižine biljke požele, mi znamo da je tu bilo ratarovog rada i posvete od sađenja sjemena i gnojenja polja do brige za biljku kroz proljeće i ljeto.

Ratar koji ima veliko polje i sije više sjemena mora raditi više od ratara koji sije manje sjemena. Ali u nadi dobivanja veće količine uroda on radi još marljivije i revnije. Baš kao što zakon prirode diktira da "Što si posijao to ćeš požeti," mi bismo trebali znati da zakon Boga koji je Vlasnik duhovnog svijeta slijedi isti uzorak.

Među današnjim kršćanima, neki nastavljaju tražiti Boga da im ispuni njihove želje bez sijanja dok drugi prigovaraju oko manjka Njegovih odgovora unatoč mnogim molitvama. Iako Bog želi dati Svojoj djeci prelijevajuće blagoslove i dati odgovore na svaki od njihovih problema, čovjek često ne uspijeva shvatiti zakon sijanja i žetve i prema tome ne može primiti što želi od Boga.

Bazirano na zakonu prirode koji nam govori, "Što si posijao to ćeš požeti," pogledajmo što trebamo sijati i kako trebamo sijati da bi uvijek primili Božje odgovore i dati Mu slavu bez suzdržavanja.

1. Polje prvo mora biti kultivirano

Prije sijanja sjemena, ratar prvo mora kultivirati polje na kojem će raditi. On pokupi kamenje, izravna zemlju i stvori okoliš i uvjete u kojima sjeme može ispravno rasti. Prema rataravoj posveti i radu, čak i gola zemlja se može pretvoriti u plodno tlo.

Biblija povezuje srce svake osobe sa poljem i kategorizira ga u četiri različite vrste (Po Mateju 13:3-9).

Prvi tip je "polje pored puta."
Tlo polja pored puta je tvrdo. Osoba sa takvim srce ne pohađa crkvu čak ni nakon slušanja riječi, on ne otvara vrata do svojeg srca. Prema tome, ona nije u mogućnosti znati Boga, zbog manjka vjere, ne uspijeva biti prosvijećena.

Drugi tip je "kamenito tlo."
U tom kamenitom tlu, zbog kamenja u polju, klice ne mogu rasti normalno. Osoba sa takvim srcem zna riječ samo kao znanje i njegova vjera nije popraćena sa djelima. Jer joj manjka sigurnost vjere, on brzo odustaje u vremenima iskušenja i patnji.

Treći tip je "trnovito polje."
U trnovitom polju, jer trnje raste i guši biljke, dobri plodovi ne mogu roditi. Osoba takvog srca vjeruje u Božju riječ i pokušava živjeti prema njoj. Ali ona ne djeluje prema Božjoj volji nego prema željama tijela. Jer je rast riječi posijane u njenom srcu prigušen sa iskušenjem imanja i profitom ili brigom za svijet, ona ne može roditi plod. Iako se ona moli, nije u mogućnosti pouzdati se u "nevidljivog" Boga i prema tome je brza u vraćanju na svoje misli i putove. Zbog toga ona ne uspijeva iskusiti Božju

moć jer On može gledati tu osobu iz daleka.

Četvrti tip je "dobro tlo."
Vjernik sa takvim dobrim tlo samo govori "Amen" na sve što je riječ Boga i sluša sa vjerom bez donošenja svojih misli ili kalkulacija. Kada je sjeme posijano u dobro tlo, ono dobro raste i rađa plod sto, šezdeset ili trideset puta od posijanog.

Isus je samo rekao "Amen" i bio je vjeran riječi Božjoj (Poslanica Filipljanima 2:5-8). Isto tako, osoba sa "dobrim tlom" srca je bezuvjetno vjerna Božjoj riječi i živi prema njoj. Ako mu Njegova riječ govori da uvijek bude radostan, on će biti radostan u svim okolnostima. Ako mu Njegova riječ govori da se kontinuirano moli, on se neprestano moli. Osoba koja ima "dobro tlo" srca može uvijek komunicirati sa Bogom, primiti sve što pita u molitvama i živjeti prema Njegovoj volji.

Bez obzira kakvu vrstu tla mi možemo imati trenutno, mi uvijek to možemo pretvoriti u dobro tlo. Možemo izorati kamenito tlo i povaditi kamenje, odstraniti trnje i zagnojiti svako tlo.

Kako mi možemo kultivirati naša srca u "dobro tlo"?

Prvo, moramo slaviti Boga u duhu i istini.
Mi moramo dati Bogu sav naš um, volju, posvetu te snagu i u ljubavi Mu ponuditi naša srca. Samo tada ćemo biti sigurni od

besposlenih misli, umora i pospanost i moći ćemo okrenuti naša srca u dobro tlo sa moći koja dolazi odozgor.

Drugo, mi moramo odbaciti grijehe do točke prolijevanja krvi.

Kako mi potpuno slušamo riječ Božju, uključujući "Čini ovo" i "Ne činiti to" zapovijedi i živimo prema njima, naša srca će se postupno pretvoriti u dobro tlo. Na primjer, kada su zavist, ljubomora, mržnja i slično otkrivene, samo sa vatrenom molitvom mi možemo naše srce pretvoriti u dobro tlo.

Dok god mi provjeravamo polje u našem srcu i marljivog ga kultiviramo, naša vjera raste sve više i u Božjoj ljubavi svaki naš rad će dobro ići. Mi moramo marljivo kultivirati našu zemlju jer što više mi živimo prema riječi Boga, to više naša duhovna vjera raste. Što više naša duhovna vjera raste, to više "dobrog tla" mi možemo imati. Zato mi moramo još marljivije kultivirati naše srce.

2. Različita sjemena se moraju sijati

Jednom kad je zemlja kultivirana, ratar počinje sijati sjeme. Baš kao što mi jedemo različite tipove hrane u balansu da bi zadržali naše zdravlje, ratar sije različito sjeme kao rižu, žito, povrće, grah i slično.

U sijanju pred Bogom, mi trebamo sijati mnoge različite

stvari. "Sijati" se duhovno odnosi na slušanje, među Božjim zapovijedima, što nam On kaže da "Činimo." Na primjer, ako nam Bog kaže da se uvijek radujemo, mi možemo sijati sa našom radosti koja izlazi iz naše nade za nebo i sa tom radost Bog je također presretan i On nam daje želje u našem srcu (Psalam 37:4). Ako nam On kaže "Propovijedaj evanđelje," mi moramo marljivo širiti riječ Boga. Ako nam On kaže "Volite jedni druge," "Budi vjeran," "Budi zahvalan," i "Moli," mi bismo trebali točno i marljivo činiti što nam je rečeno.

U dodatku, jer je živjeti prema Božjoj riječi kao što je davanje desetine ili držanje Subote djelo sijanja pred Njim, ono što mi posijemo može niknuti, dobro rast i robiti obilan plod. Ako mi sijemo štedljivo, nevoljko ili pod prinudom, Bog ne prihvaća naš trud. Baš kao što ratar sije svoje sjeme u nadi dobre žetve na jesen, sa vjerom mi moramo također vjerovati u i imati naše oči na Bogu koji nas blagoslivlja sto, šezdeset ili trideset puta što smo posijali.

Poslanica Hebrejima 11:6 govori, *"A bez vjere nije moguće ugoditi Bogu; jer onaj, koji hoće da dođe k Bogu, valja da vjeruje, da ima Bog i da plaća onima, koji ga traže."* Stavljati naše povjerenje u Njegovu riječ, kada mi pogledamo u našeg Boga koji nagrađuje i sije pred Njim, mi možemo žeti obilno u ovom svijetu i skladištiti naše nagrade na nebeskom kraljevstvu.

3. Tlo se mora paziti sa ustrajnosti i posvetom

Nakon sijanja sjemena, ratar pazi na polje sa najvećom brigom. On napaja biljke, pljevi ih i hvata kukce. Bez takvih velikih napora, biljke bi mogle niknuti ali bi uvenule i umrle prije davanja plodova.

Duhovno, "voda" se odnosi na Božju riječ. Kao što nam Isus govori po Ivanu 4:14, *"A koji pije od vode, koju ću mu ja dati, neće ožednjeti dovijeka. Nego voda, što ću mu ja dati, bit će u njemu izvor vode, što teče u život vječni,"* voda simbolizira vječan život i istinu. "Hvatati kukce" znači držati stražu Božje riječi koja je zasađena na polju srca protiv neprijatelja vraga. Kroz misu, hvalu i molitvu punoća u našem srcu se može održavati čak i ako neprijatelj vrag dođe remetiti naše polje.

"Plijeviti polje" je proces u kojem mi odstranjujemo takve neistine kao gnjev, mržnju i slično. Kako se mi marljivo molimo i pokušavamo odbaciti gnjev i mržnju, gnjev je iskorijenjen kako sjeme blagosti niče i mržnja je iskorijenjen kako sjeme ljubavi niče. Kada su neistine iskorijenjene i remećenje neprijatelja vraga je odstranjeno, mi možemo rasti kao Njegova prava djeca.

Važan faktor u brizi oko polja nakon sijanja sjemena je čekanje za pravo vrijeme u ustrajnosti. Ako ratar iskopa zemlju ubrzo nakon sijanja sjemena da bi vidio niču li biljke ili ne, sjeme će lako strunuti. Do žetve, potreban je velik dio ustrajnosti i posvete.

Vrijeme potrebno za rađanje ploda ovisi od sjemena do sjemena. Dok sjeme bundeve ili lubenice može roditi plod u manje od godinu dana, stabla jabuke i kruške trebaju nekoliko godina. Radost ginseng ratara je daleko veća od radosti ratara lubenica, jer se vrijednost ginsenga koji je kultiviran godina ne može usporediti sa lubenicama, koje su rasle kratko vrijeme.

Na isti način, kada mi sijemo pred Bogom prema Njegovoj riječi, nekada ćemo mi moći primiti Njegove odgovore odmah i žeti plodove ali drugo vrijeme, više vremena će trebati. Kako nas Poslanica Galaćanima 6:9 podsjeća, *"A dobro činiti, neka nam ne dodija, jer ćemo u svoje vrijeme požeti, ako ne sustanemo,"* do vremena žetve mi moramo paziti naša polja u ustrajnosti i sa posvetom.

4. Ti žanješ što si posijao

Po Ivanu 12:24 Isus nam govori, *"Zaista, zaista, kažem vam: Ako zrno pšenično ne padne u zemlju i ne umre, ostane za se samo. Ako li umre, mnogo roda rodi."* Prema Njegovom zakonu, Bog pravde je planirao Isusa Krista Svojeg jedinog začetog Sina kao iskupljujuću žrtvu za čovječanstvo i dopustio Mu postati zrno pšenice, pasti i umrijeti. Kroz Svoju smrt, Isus je proizveo mnoge plodove.

Zakon duhovnog svijeta je, sličan zakonu prirode koji diktira "Žeti ćeš što si posijao," zakon Boga se ne može prekršiti. Poslanica Galaćanima 6:7-8 nam to posebno govori, *"Ne varajte se: Bog se ne da ružiti, jer što čovjek posije, ono će i požeti.*

Jer koji sije u tijelo svoje, od tijela će požeti propast; a koji sije u duh, od duha će požeti život vječni."

Kada ratar sije sjeme u svojem polju, ovisno o vrsti sjemena, on može požeti neki plod ranije od drugih i nastaviti sijati sjeme dok bere plodove. Što više ratar sije i marljivo se brine za svoje polje, veći će urod biti za žetvu. Na isti način, čak u našem odnosu sa Bogom mi ćemo požeti što smo posijali.

Ako siješ molitve i hvale, sa moći odozgor ti možeš živjeti prema riječi Boga dok tvoja duša uspijeva. Ako ti marljivo radiš za kraljevstvo Boga, sve će te bolesti ostaviti dok ti primaš blagoslove u tijelu i duhu. Ako ti marljivo siješ sa svojim materijalnim bogatstvima, desetinom i prinosima zahvalnosti, On će ti dati veće materijalne blagoslove sa kojima ti On omogućuje koristiti ih za Njegovo kraljevstvo i pravednost.

Naš Gospod, koji nagrađuje svaku osobu prema tome što je on učinio, govori nam po Ivanu 5:29, *"Tada će oni, koji su činili dobro, izaći na uskrsnuće života, a koji su činili zlo, na uskrsnuće suda."* Prema tome, mi moramo živjeti prema Duhu Svetom i činiti dobro u našim životima.

Ako osoba sije ne za Duha Svetog nego za svoje želje, ona može žeti samo stvari ovog svijeta koje će u konačnici proći. Ako ti mjeriš i sudiš druge, ti ćeš također biti mjeren i suđen prema Božjoj riječi govoreći da, *"Ne sudite! I nećete biti suđeni. Jer kakvim sudom sudite, onakvim će vam se suditi, i kakvom mjerom mjerite, onakvom će vam se mjeriti* (Po Mateju 7:1-2).

Bog nam oprašta sve naše grijehe koje smo počinili prije prihvaćanja Isusa Krista. Ali ako mi počinimo grijehe nakon znanja istine i o grijehu, čak i ako nam je oprošteno kroz pokajanje, mi ćemo primiti kaznu.

Ako si sijao grijeh, prema zakonu duhovnog svijeta, ti ćeš sijati plod svojeg grijeha i susresti se sa iskušenjima i patnjama.

Kada je Božji voljeni David griješio, Bog mu je rekao *"Zašto si prezreo zapovijed Gospodnju i učinio to, što mu nije bilo po volji?" i "Evo, ja ću dati, da po tvojoj vlastitoj kući dođe zlo na te"* (2. Samuelova 12:9-11). Dok su Davidu oprošteni grijeh kada se pokajao, "Sagriješih Gospodu," mi također znamo da je Bog pogodio dijete koje je Urijeva žena rodila Davidu (2. Samuelova 12:13-15).

Trebali bismo živjeti prema istini i činiti dobro, sjetiti se da ćemo žeti što smo posijali u svemu, sijati za Duh Sveti, primiti vječni život od Duha Svetog i uvijek primati Božje prelijevajuće blagoslove.

U Bibliji se nalaze mnoge osobe koje su udovoljile Bogu i posljedično su primile Njegove prelijevajuće blagoslove. Jer se žena u Šunamu uvijek ponašala sa poštovanjem i ljubaznosti prema Elišeju, Božjem čovjeku, on je ostajao u njenoj kući kad god bi bio u području. Nakon razgovora sa svojim mužem oko pripreme gostinjske sobe za Elišeja, žena je pripremila sobu za proroka i napravila krevet, stol, stolicu i lampu i poticala Elišeja da ostane kod njene kuće (2. Kraljevima 4:8-10).

Elišej je bio jako potaknut ženinom vjernosti. Kada je on saznao da je njen muž star i oni nisu imali djece, te da je njena želja bila imati dijete, Elišej je pitao Boga za blagoslov rođenja za tu ženu i Bog joj je godinu dana kasnije dao dijete (2. Kraljevima 4:11-17).

Kao što nam je Bog obećao u Psalmu 37:4, *"Imaj svoju radost u Gospodu; on će ti ispuniti što ti želi srce,"* ženi u Šunamu je dana želja njenog srca jer je ona tretirala Božjeg slugu sa brigom i posvetom (2. Kraljevima 4:8-17).

U Djelima apostolskim 9:36-40 je zapis o ženi u Jopi imena Tabita, koja je bila prepuna djela dobrote i milosrđa. Kada je ona postala bolesna i umrla, učenici su obavijestili Petra. Kada je on došao na scenu, udovice su pokazale Petru halje i drugu odjeću koju je Tabita napravila za njih i molile su ga da vrati ženu u život. Petar je bio duboko pokrenuti sa ženinim gestama i iskreno se molio Bogu. Kada je on rekao, "Tabita, ustani," ona je otvorila svoje oči i ustala. Jer je Tabita sijala pred Bogom čineći dobro i pomažući siromašnima, ona je mogla primiti blagoslove produživanja njenog života.

Po Marku 12:44 postoji zapis o siromašnoj udovici koja je dala Bogu sve svoje. Isus je, kako je gledao kako masa daje prinose hranu, rekao Svojim učenicima, *"Jer svi drugi ubaciše od viška svojega, a ona metnu od siromaštva svojega sve, što je imala, svu hranu svoju"* i pohvalio ju. Nije teško znati da je žena primila velike blagoslove kasnije u svojem životu.

Prema zakonu duhovnog svijeta, Bog pravede nam dopušta žeti što smo posijali i nagrađuje nas prema tome što je svatko od nas napravio. Jer Bog radi prema svačijoj osobnoj vjeri dok on vjeruje u Njegovu riječ i sluša ju, mi bismo trebali shvatiti da možemo primiti sve što pitamo u molitvi. Sa tim na umu, neka svatko od vas ispita svoje srce, marljivo kultivira u dobro tlo, posije mnogo sjemena, pazi na njih sa ustrajnosti i posvetom i rodi obilne plodove, u ime našeg Gospoda Isusa Krista ja se molim!

Poglavlje 6

Ilija je primio Božji odgovor sa vatrom

Potom reče Ilija Ahabu: "Idi gore, jedi i pij, jer čujem već hujanje dažda" Ahab ode gore, da jede i da pije. A Ilija se pope navrh Karmela, prignu se k zemlji i skrije lice svoje među koljena. Tada zapovjedi slugi svojemu: "Idi gore i pogledaj prema moru!" On ode gore, pogleda i javi: "Ništa se ne vidi." On odgovori: "Idi još sedam puta!" Kad bi sedmi put, javi: "Eno, diže se od mora oblačić, malen kao ruka čovječja." I on zapovjedi: "Idi, reci Ahabu: "Upregni i silazi, da te ne uhvati dažd!" A u najkraće vrijeme zamrači se nebo od vjetra i oblaka, i pade jak dažd. Ahab se uspe na kola i odveze se u Jezreel

(1. Kraljevima 18:41-45).

Moćni sluga Boga Ilija je mogao svjedočiti živog Boga i učiniti mogućim da se Izraelci koji štuju idole pokaju za svoje grijehe preko Božjih odgovora vatrom kad je on pitao i primio. U dodatku, kada nije bilo kiše tri i pol godine zbog Božjeg gnjeva protiv Izraelaca, Ilija je bio taj koji je izvodio čuda prekidajući sušu i donoseći veliku kišu.

Ako mi vjerujemo u živog Boga, mi također moramo primiti u našim životima Božje odgovore sa vatrom kao Ilija, svjedočiti Ga i dati Mu slavu.

Istražujući Ilijinu vjeru, sa kojom on prima Božje odgovore sa vatrom i vidi sa svojim vlastiti očima ispunjenje želja svojeg srca, dopusti da i mi postanemo Božja blagoslovljena djeca koja uvijek primaju Očeve odgovore sa vatrom.

1. Ilijina vjera, sluge Boga

Kao Božji izbor, Izraelci su morali sami slaviti Boga, ali njihovi su kraljevi počeli činiti zlo u Božjem vidu i slaviti idole. Do vremena kad je Ahab došao na tron, ljudi Izraela su počeli činiti još više zla i idolopoklonstvo je došlo do vrhunca. U tom trenutku, Božji gnjev protiv Izraela se okrenu u nepogodu tri i pol godišnje suše. Bog je uspostavio Iliju kao Svojeg slugu i kroz prikazivanje Svojeg rada.

Bog je rekao Iliji, *"Idi, stupi pred Ahaba; jer hoću da pošljem dažd na zemlju"* (1. Kraljevima 18:1).

Mojsije, koji je izveo Izraelce iz Egipta, na početku nije

poslušao Boga kad je On zapovjedio Mojsiju da ode pred faraona. Kada je Samuelu rečeno da pomaže Davida, prorok u početku nije slušao Boga. Međutim, kada je Bog rekao Iliji da ode i pokaže se Ahabu, istom kralju koji ga je pokušavao ubiti tri godine, taj proroke je bez ustručavanja poslušao Boga i pokazao Mu vrstu vjere sa kojom je Bog zadovoljan.

Jer je Ilija slušao i vjerovao u sve što je bila Božja riječ, kroz proroka Bog je mogao opet i iznova pokazati Svoj rad. Bog je bio zadovoljan sa Ilijinom poslušnom vjerom, volio ga, prepoznao ga kao Svojeg slugu, pratio ga gdje god je išao i štitio ga u svakom njegovom pothvatu. Jer je Bog ovjerio Ilijinu vjeru, on je mogao podići mrtve, primiti Božji odgovor sa vatrom i mogao je biti uzdignut na nebo sa vjetrom. Iako postoji samo jedan Bog koji sjedi na Svojem nebeskom tronu, svemogući Bog može nadgledati sve u svemiru i dopustiti da se Njegov rad dogodi gdje dok je On prisutan. Kao što pronalazimo po Marku 16:20, *"A oni otidoše i počeše propovijedati posvuda. Gospodin je djelovao s njima i potvrđivao riječ njihovu čudesima, što su slijedila,"* kada je osobu i njegovu vjeru priznao i ovjerio Bog, čuda i Njegovi odgovori prate molitvu te osobe kao prikaz manifestacije Njegovog rada.

2. Ilija je primio Božji odgovor sa vatrom

Jer je Ilijina vjera bila velika i on je bio dovoljno poslušan da bi bio vrijedan Božjeg prepoznanja, prorok je mogao hrabro proricati o nadolazećoj suši u Izraelu.

On je mogao proglasiti kralju Ahabu, *"Tako živ bio Gospod, Bog Izraelov; u čijoj službi stojim: Idućih godina neće pasti ni rosa ni dažd, osim da ja to sam zapovjedim"* (1. Kraljevima 17:1).

Jer je Bog već znao da će Ahab ugroziti Ilijin život koji je proricao o suši, Bog je vodio proroka do potoka Kerit, rekao mu da ostane tu malo i naredio je vranama da mu donose kruha i mesa ujutro i navečer. Kada je potok Kerit presušio zbog manjka kiše, Bog je odveo Iliji do Sarfatu i dopustio da mu udovica donosi hranu.

Kada se udovičin sin razbolio, stanje mu se pogoršavalo i u konačnici je umro, Ilija je zazvao Boga u molitvama. *"Gospode, Bože moj, daj ipak da se život dječakov opet vrati u njega"* (1. Kraljevima 17:21)!

Bog je čuo Ilijinu molitvu, vratio je dečka u život i dopustio mu živjeti. Kroz taj incident, Bog je dokazao da je Ilija čovjek Boga i da je riječ Boga u njegovim ustima istina (1. Kraljevima 17:24).

Ljudi naše generacije žive u vrijeme kada oni ne mogu vjerovati u Boga osim ako ne vide čudesne znakove i čuda (Po Ivanu 4:48). Da bi svjedočili živog Boga danas, svaki od nas mogao biti naoružan sa vrstom vjere koju je Ilija imao i hrabro krenuti širiti evanđelje.

U trećoj godini proročanstva u kojoj je Ilija rekao Ahabu,

"Idućih godina neće pasti ni rosa ni dažd, osim da ja to sam zapovjedim" Bog je rekao Svojem proroku, "Idi, stupi pred Ahaba; jer hoću da pošljem dažd na zemlju" (1. Kraljevima 18:1). Mi pronalazimo po Luki 4:25 da "Kad se je u dane Ilijine bilo zatvorilo nebo tri godine i šest mjeseci i po svoj zemlji vladala velika glad." Drugim riječima, nije bilo kiše u Izraelu tri i pol godine. Prije nego je Ilija otišao Ahabu drugi puta, kralj je uzalud tražio proroka čak i u susjednim državama, vjerujući da je Ilija kriv za tri i pol godine suše.

Iako bi Ilija bio usmrćen u trenutku čim bi došao pred Ahaba, on je hrabro poslušao riječ Boga. Kada je Ilija stao pred Ahaba, kralj ga je pitao, "Jesi li ti onaj, što donosiš nesreću na Izraela?" (1. Kraljevima 18:17). Na to Ilija je odgovorio, "Nijesam ja donio nesreću na Izraela, nego ti i obitelj tvoja, jer ste ostavili zapovijedi Gospodnje, i ti si pristao za baalima" (1. Kraljevima 18:18). On je prenio kralju volju Boga i nikad se nije bojao. Ilija je krenuo jedan korak dalje i rekao Ahabu, "A sada raspošlji i daj sa brati k meni svega Izraela na gori Karmelu i četiri stotine i pedeset proroka baalovih i četiri stotine proroka aštartinih, koji jedu za stolom Jezebelinim!" (1. Kraljevima 18:19).

Jer je Ilija jako dobro znao da je suša došla na Izrael zbog idolopoklonstva njihovih ljudi, on je tražio natjecanje sa 850 proroka idola i potvrdio, "bog koji odgovara sa vatrom- to je Bog." Jer je Ilija vjerovao u Boga, prorok Mu je pokazao vjeru sa kojom on vjeruje da Bog može odgovoriti sa vatrom.

On je tada rekao Baalovim prorocima, *"Izaberite sebi jednoga od junaca i priugotovite ga najprije, jer vi ste većina. Onda prizovite ime boga svojega; ali ognja ne podmećite"* (1. Kraljevima 18:25). Kada Baalovi proroci nisu primili nikakav odgovor od jutra do večeri, Ilija im se rugao.

Ilija je vjerovao da će mu Bog odgovoriti sa vatrom, u radosti je naredio Izraelcima da sagrade oltar i poliju vodu preko prinosa i na drva i molio se Bogu.

Usliši me, Gospode, usliši me i daj, da upozna ovaj narod, da si ti, Gospode, pravi Bog i da si obratio srca njihova (1. Kraljevima 18:37).

Tada pade oganj Gospodnji i spali žrtvu paljenicu i drva, kamenje i zemlju i popi vodu u jarku. Kad to vidješe svi ljudi, baciše se ničice na svoje lice i povikaše: *"Gospod je pravi Bog, Gospod je pravi Bog!"* (1. Kraljevima 18:38-39).

Sve je to bilo moguće jer Ilija nije sumnjao niti malo kada je on pitao Boga (Jakovljeva poslanica 1:6) i vjerovao je da je već primio sve što je pitao u molitvi (Po Marku 11:24).

Zašto je Ilija naredio da se voda polije preko prinosa i onda se molio? Jer je suša trajala tri i pol godine, najrjeđa i najvrjednija svih potrepština u to vrijeme je bila voda. Puneći četiri velika vrča vodom i polijevajući vodu preko prinosa tri puta (1. Kraljevima 18:33-34), Ilija je pokazao Bogu svoju vjeru i dao Mu ono što je za njega najvrjednije. Bog koji volji radosnog darovatelja (2.

poslanica Korinćanima 9:7) ne samo da je dopustio Iliji da bere što je posijao, nego je također dao proroku Svoj odgovor sa vatrom i dokazao svim Izraelcima da je njihov Bog uistinu živ. Kako mi slijedimo Ilijine korake i pokazujemo Bogu našu vjeru, dajemo Mu našu najvrjedniju stvar i pripremamo se primiti Njegove odgovore na naše molitve, mi možemo svjedočiti živog Boga svim ljudima sa Njegovim vatrenim odgovorom.

3. Ilija je donio tešku kišu

Nakon što je predstavio živog Boga Izraelcima kroz Njegov odgovor vatrom i natjerao Izraelce koji štuju idole da se pokaju, Ilija je podsjetio Ahaba na zakletvu koju su načinili- *"Tako živ bio Gospod, Bog Izraelov; u čijoj službi stojim: Idućih godina neće pasti ni rosa ni dažd, osim da ja to sam zapovjedim"* (1. Kraljevima 17:1). On je rekao kralju, *"Idi gore, jedi i pij, jer čujem već hujanje dažda"* (1. Kraljevima 18:42), i otišao na vrt Karmela. On nije naredio ispunjenje Božjih riječi, "Poslat ću kišu na lice zemlje" i primio Njegove odgovore.

Na vrhu Karmela, Ilija se spustio na zemlju i stavio svoje lice među koljenja. Zašto se Ilija molio na taj način? Ilija je bio u tako velikoj muci dok se molio.

Kroz tu sliku, mi možemo pretpostaviti kako je iskreno Ilija zazivao Boga sa svim svojim srcem. Nadalje, dok nije mogao vidjeti Božji odgovor sa svojim očima, Ilija se nije prestajao moliti. Ilija je naredio svojem sluzi da drži svoje oči prema moru i dok sluga nije vidio oblak malen kao ljudska ruka, Ilija se molio na ovaj način sedam puta. To je bilo i više nego dovoljno da impresionira Boga i protrese Njegov nebeski tron. Jer je Ilija donio kišu nakon tri i pol godine suše, možemo pretpostaviti da je njegova molitva bila posebno jaka.

Kada je Ilija primio Božji odgovor sa vatrom, on je priznao sa svojim usnama da Bog radi za njega iako Bog nije pričao sa njim; on je učinio isto kada je spustio kišu. Nakon što je vidio oblak malen kao čovječja ruka, prorok je poslao riječ Ahabu, *"Upregni i silazi, da te ne uhvati dažd"* (1. Kraljevima 18:44). Jer je Ilija imao vjeru sa kojom je mogao priznati sa svojim usnama iako još nije mogao vidjeti (Poslanica Hebrejima 11:1), Bog je mogao raditi prema prorokovoj vjeri i stvarno, prema Ilijinoj vjeri, u kratko vrijeme nebo je postalo crno sa oblacima i vjetrom i bilo je velike kiše (1. Kraljevima 18:45).

Mi moramo vjerovati da je Bog, koji je dao Iliji Svoj odgovor sa vatrom i dugo očekivana kiša nakon suše koja je trajala tri godine i šest mjeseci, je isti Bog koji rastjeruje naša iskušenja i patnje, daje nam želje našeg srca i daje nam Svoje veličanstvene blagoslove.

Do sada, siguran sam da si shvatio da bi mogao primiti Božje odgovore sa vatrom, dati Mu slavu i ispuniti želje svojeg srca, ti Mu prvo moraš pokazati vrstu vjere sa kojom On može biti zadovoljan, uništiti svaki zid grijeha koji stoji između Boga i tebe i pitati Ga za sve bez sumnje.

Drugo, u radosti ti moraš sagraditi oltar pred Bogom, dati Mu prinose i iskreno se moliti. Treće, dok ne primiš Njegove odgovore, ti moraš priznati sa svojim usnama da će Bog raditi za tebe. Bog će tada biti jako zadovoljan i odgovoriti na tvoju molitvu da bi Mu ti mogao dati slavu do zadovoljstva tvojeg srca.

Naš Bog nam odgovara kada Mu se mi molimo sa problemima koji muče naše duše, djecu, zdravlje, posao ili neku drugu stvar i prima slavu od nas. Imajmo cijelu vjeru kao Ilija, molimo se dok ne primimo Božje odgovore i postanimo Njegova blagoslovljena djeca, uvijek dajući slavu našem Ocu!

Poglavlje 7

Kako ispuniti želje svojeg srca

Imaj svoju radost u Gospodu; on će ti ispuniti što ti želi srce

(Psalam 37:4).

Mnogi ljudi danas traže primiti odgovore na razne probleme od svemogućeg Boga. Oni se revno mole, poste i mole se kroz noć da bi primili ozdravljenje, obnovili svoj propadajući posao, rodili djecu i primili materijalne blagoslove. Nažalost, postoje mnogi ljudi koji ne mogu primiti Božje odgovore i daju Mu slavu za razliku od onih koji mogu primiti.

Kada oni ne čuju od Boga u mjesec ili dva mjeseca, ti se ljudi umaraju, govore, "Bog ne postoji," potpuno okreću se od Boga i počinju slaviti idole, prema tome blateći Njegovo ime. Ako osoba dolazi u crkvu ali ne uspijeva primiti Božju moć i dati Mu slavu, kako to može biti "prava vjera"?

Ako osoba ispovijeda da stvarno vjeruje u Boga, onda kao Njegovo dijete, ona mora biti u mogućnosti primiti želje svojeg srca i ispuniti sve što traži ostvariti tijekom svojeg života na ovom svijetu. Ali mnogi ne uspijevaju ispuniti želje svojeg srca čak i nakon proklamiranja da vjeruju. To je zato što oni ne znaju sami sebe. Sa stihom na kojem je ovo poglavlje bazirano, dopusti nam objasniti putove sa kojima mi možemo ostvariti želje našeg srca.

1. Prvo, osoba mora ispitati svoje srce

Svaka osoba se mora zagledati u sebe i vidjeti vjeruje li stvarno u svemogućeg Boga ili samo vjeruje sa pola srca sumnjajući ili je to varljivo srce koje samo traži neku vrstu sreće. Prije upoznavanja Isusa Krista, većina ljudi provodi svoje živote štujući idole ili vjerujući samo u sebe. Međutim, u vremenima velikih iskušenja ili patnji, nakon što shvate da se katastrofe sa kojima se suočavaju ne mogu riješiti sa moći čovjeka ili njihovim idolima, oni lutaju oko svijeta, slušajući putem da Bog može riješiti njihove probleme i završe dolaziti pred Njega.

Umjesto da fiksiraju svoje oči na Božju moć, ljudi ovog svijeta samo misle u sumnji, "Ne bi li mi On odgovorio ako Ga molim?" ili "Pa, možda molitva može riješiti moju krizu." Ipak, svemogući Bog upravlja sa poviješću čovječanstva kao i sa čovjekovim životom, smrti, kletvom i blagoslovima, oživljavanjima mrtvih i traži čovjekovo srce, tako da On ne odgovara osoba koje imaju sumnje u srcu (Jakovljeva poslanica 1:6-8).

Ako osoba stvarno želi ispuniti želje svojeg srca, ona prvo mora odbaciti sumnje i srce koje traži sreću, te vjerovati da je ona već primila sve što je pitala svemogućeg Boga u molitvama. Samo tada će mu Bog moći dati Svoju ljubav i dopustiti mu ispuniti želje njegova srca.

2. Drugo, osobino uvjerenje spasenja i uvjeti vjere se moraju ispitati

U današnjoj crkvi, mnogi vjernici su izloženi problemima u njihovoj vjeri. Srceparajuće je vidjeti iznenađujuće veliki broj ljudi koji duhovno luta, one koji ne uspijevaju vidjeti, zbog svoje duhovne arogancije, da je njihova vjera krenula pogrešnim putom i druge kojima manjka uvjerenja u spasenje čak i nakon mnogo godina života u Kristu i službe za Njega.

Poslanica Rimljanima 10:10 nam govori, *"Jer se srcem*

vjeruje za opravdanje, a ustima se priznaje za spasenje".

Kada otvoriš put svojeg srca i prihvatiš Isusa Krista kao svojeg Spasitelja, sa milosti Duha Svetog koja je dana slobodno odozgor, ti ćeš primiti autoritet kao dijete Boga. Nadalje, kada ti ispovjediš sa svojim usnama da je Isus Krist tvoj Spasitelj i vjeruješ iz svojeg srca da je Bog uskrsnuo Isusa od mrtvih, ti ćeš postati siguran u svoje spasenje.

Ako ne znaš jesi li ili nisi primio spasenje, postoji problem sa uvjetima tvoje vjere. To je zbog toga što, ako ti manjka sigurnosti da je Bog tvoj Otac i u tvoje ostvarenje nebeskog državljanstva i postanak Njegovog djeteta, ti ne možeš živjeti prema Očevoj volji.

Iz tog nam razloga Isus govori, *"Neće svaki, koji mi govori: 'Gospodine, Gospodine!' ući u kraljevstvo nebesko, nego samo tko čini volju Oca mojega, koji je na nebesima"* (Po Mateju 7:21). Ako veza "Bog Otac- sin (kćer)" još nije nastala u osobi, samo je prirodno da ta osoba ne prima Njegove odgovore. Međutim, čak i ako je veza oblikovana, ako je nešto pogrešno u njegovom srcu ili u vidu Boga, on također ne može primiti Božje odgovore.

Prema tome, ako ti postaneš dijete Boga koje ima uvjerenje u spasenje i pokaješ se što nisi živio prema volji Boga, On će riješiti svaki tvoj problem uključujući bolesti, probleme u poslu i financijske probleme i sve stvari će On raditi za tvoje dobro.

Ako ti tražiš Boga zbog problema koje imaš sa svojim djetetom, sa riječi istine Bog ti pomaže shvatiti sve probleme i poteškoće koje postoje između tebe i tvojeg djeteta. S vremena na vrijeme, djeca se krive; međutim, sve češće, roditelj je taj koji je odgovoran za poteškoće sa svojoj djecom. Prije nego se počne upirati prstom, roditelj sam se mora prvo okrenuti sa svojeg pogrešnog puta i pokajati se, pokušavati odgajati djecu ispravno i posvetiti sve Bogu, On im daje mudrost i radi za sve dobro roditelja i njihove djece.

Prema tome, ako ti dođeš u crkvu i tražiš primiti odgovore na probleme sa svojom djecom, bolesti, financije i slično, umjesto brzog posta, molitve ili ostajanja cijele noći u molitvi, ti prvo moraš shvatiti istinu koja je začepila kanal između tebe i Boga, pokajati se i okrenuti. Bog će tada raditi za tvoje dobro dok ti primaš vodstvo Duha Svetog. Ako ti čak ni ne pokušaš shvatiti, čuti riječ Boga ili živjeti prema njoj, tvoje molitve neće donijeti Božji odgovor.

Jer ima mnogo primjera u kojima ljudi ne uspijevaju potpuno shvatiti istinu i ne uspijevaju primiti Božje odgovore i blagoslove, svi mi moramo ispuniti želje našeg srca tako da postanemo sigurni u spasenje i živimo prema Božjoj volji (Ponovljeni zakon 28:1-14).

3. Treće, moraš udovoljiti Bogu sa svojim djelima

Ako netko prihvati Boga Stvoritelja i prihvati Isusa Krista kao svojeg Spasitelja, koliko god on nauči istinu i postane prosvijetljen, njega duša uspijeva. U dodatku, kako on nastavlja otkrivati srce Boga, on može živjeti svoj život na način koji je ugodan Bogu. Dok dvogodišnje ili trogodišnje dijete ne zna načine udovoljavanja svojim roditeljima, u svojoj adolescenciji ili odrasloj dobi djeca uče kako im udovoljiti. Na isti način, što više Božja djeca shvaćaju i žive prema istini, oni mogu više udovoljiti svojem Ocu.

Opet i iznova, Biblija nam govori načine na koje su naši praoci vjere primali odgovore na svoje molitve sa udovoljavanjem Bogu. Kako je Abraham udovoljio Bogu?

Abraham je uvijek tražio i živio u miru i svetosti (Postanak 13:9), služio Bogu sa svim svojim tijelom, srcem i umom (Postanak 18:1-10) i potpuno Ga slušao bez uključivanja svojih misli (Poslanica Hebrejima 11:19; Postanak 22:12), jer je on vjerovao da Bog može podizati mrtve. Kao rezultat, Abraham je primio blagoslov Jahve- Jire ili "Gospod- Pribavljač" blagoslov djece, blagoslov financija, blagoslov dobrog zdravlja i slično, te blagoslovi na svakakve načine (Postanak 22:16-18, 24:1).

Što je Noa učinio da bi primio Božje blagoslove? On je bio pravedan, bezgrešan među ljudima svoje generacije i hodao je sa Bogom (postanak 6:9). Kada je sud vode potopio cijeli svijet, samo su Noa i njegova obitelj mogli izbjeći sud i primiti spasenje. Jer je Noa hodao sa Bogom, on je mogao poslušati Božji glas i pripremiti arku te voditi čak i svoju obitelj do spasenja.

Kada je udovica iz Sarfate u 1. Kraljevima 17:8-16 zasadila

sjeme vjere u Božjeg slugu Iliju tijekom tri i pol godine suše u Izrealu, ona je primila nevjerojatne blagoslove. Kako je ona slušala u vjeri i služila Iliji sa kruhom načinjenim od samo malo brašna u posudi i malo ulja u vrču, Bog ju je blagoslovio i ispunio Svoju proročansku riječ koja govori, *"Brašna u ćupu neće nestati i krčag s uljem neće se isprazniti do onoga dana, kad Gospod opet pošalje dažd na zemlju."*

Jer je žena iz Šunama u 2. Kraljevima 4:8-17 služila i tretirala Božjeg slugu Elišeja sa najvećom brigom i poštovanjem, ona je primila blagoslov poroda. Žena je služila Božjeg slugu ne samo zato što je htjela nešto zauzvrat, nego zato što je ona iskreno voljela Boga iz svojeg srca. Zar nije logično da ova žena primi Božje blagoslove?

Lako je vidjeti da je Bog morao biti temeljito radostan sa vjerom Daniela i njegova tri prijatelja. Iako je Daniel bačen u lavlju jazbinu jer se molio Bogu, on je izašao iz jazbine bez ijedne rane jer je vjerovao Bogu (Daniel 6:16-23). Iako su Danielova tri prijatelja svezana i bačena u goruću pećnicu jer nisu štovali idole, oni su dali slavu Bogu nakon što su izašli iz pećnice bez da je i jedan dio njihovog tijela izgorio ili opečen (Daniel 3:19-26).

Centurion u Mateju 8 je mogao udovoljiti Bogu sa svojom velikom vjerom i prema njegovoj vjeri, primio je Božje odgovore. Kada je on rekao Isus da je njegov sluga paraliziran i da strašno pati, Isus je ponudio vidjeti centurionovu kuću i ozdraviti slugu.

Ipak, centurion je rekao Isusu, *"samo reci riječ, i ozdravit će sluga moj"* i pokazao kako je velika njegova vjera i kako je njegova velika ljubav za slugu, Isus ga je pohvalio *"Zaista, kažem vam, tolike vjere ne nađoh u Izraelu."* Jer osoba prima Božje odgovore prema svojoj vjeri, centirionov sluga je ozdravio isti trenutak. Aleluja!

Postoji još. Po Marku 5:25-34 mi vidimo vjeru žene koja je patila od krvarenja 12 godina. Unatoč brizi mnogih doktora i novca kojeg je potrošila, njeno se stanje samo pogoršavalo. Kada je čula vijesti o Isusu, žena je vjerovala da on može biti ozdravljena ako samo dotakne Njegovu odjeću. Kada je ona došla iza Isusa i dodirnula Njegov plašt, žena je ozdravljena taj isti trenutak.

Kakvu je vrstu srca imao centurion imena Kornelije u Djelima apostolskim 10:1-8 i na koje je načine on, nevjernik, služio Bogu da je cijela njegova obitelj primila spasenje? Mi vidimo da su Kornelije i cijela njegova obitelj biti odani i bojali se Boga; on je velikodušno davao onima u potrebi i redovno se molio Bogu. Prema tome, Kornelijeva molitva i darovi siromašnima su došli kao memorijalni prinosi pred Bogom i kad je Petar posjetio njegovu kuću da bi slavio Boga, svatko u Kornelijevoj obitelji je primio Duha Svetog i počeli su pričati u jezicima.

U Djelima apostolskim 9:36-42 mi pronalazimo ženu imena Tabita (Što, kad je prevedeno, znači Srna) koja je uvijek bila dobra i pomagala siromašnima, ona je postala bolesna i umrla je. Kada je Petar došao na poticaje učenika, pao na svoja koljena i molio se, Tabita se vratila u život.

Kada Njegova djeca izvršavaju svoje dužnosti i udovolje Svojem ocu, živi Bog ispunjava želje njihovog srca i u svim stvarima radi za njihovo dobro. Kada mi možemo stvarno vjerovati u ovu činjenicu, kroz naše živote mi ćemo uvijek primati Božje odgovore.

Kroz konzultacije ili dijalog s vremena na vrijeme, ja čuje ljude koji su nekad imali veliku vjeru, služili su dobro crkvi i bili vjerni, ali napustili su Boga nakon perioda iskušenja i patnji. Svaki put, ja si ne mogu pomoći nego osjećati se slomljenog srca jer ljudi ne mogu razabrati duhovne razlike.

Ako ljudi imaju pravu vjeru, oni neće napustiti Boga čak i kad iskušenje dođe do njih. Ako oni imaju duhovnu vjeru, oni će biti radosni, zahvalni i moliti se čak i u vremenu iskušenja i patnji. Oni neće izdati Boga, biti na iskušenju ili propustiti stajalište u Njemu. Nekada ljudi mogu biti vjerni u nadi primanja blagoslova ili da će ih drugi prepoznati. Ali molitva vjere i molitva puna nade slučajnosti se može lako prepoznati prema njihovim rezultatima. Ako se osoba moli sa duhovnom vjerom, njena molitva će zasigurno biti popraćena sa djelima koja su Bogu ugodna i ona će dati još više slave Bog koji ispunjava želje njenog srca jedno po jedno.

Sa Biblijom kao našim vodičem, mi smo ispitali kako su naši

praoci u vjeri pokazali svoju vjeru Bogu i sa kakvom vrstom srca mi možemo udovoljiti Njemu i ispuniti želje našeg srca. Jer Bog blagoslivlja, kao što je obećano, sve one koji Ga hvale- kao što Mu je povratak Tabite u život udovoljio, način na koji Mu udovoljila žena bez djeteta u Šunemu blagoslovljena sa sinom i način a koji Mu je udovoljila žena koja je oslobođena od 12 godina krvarenja- vjerujmo i postavimo naše oči na Njega.

Bog nam govori, *"Što se tiče mogućnosti Sve je moguće onome, koji vjeruje"* (Po Marku 9:23). Kada mi vjerujemo da On može zaustaviti sve naše probleme, potpuno Mu posvetimo sve probleme koji se tiču naše vjere, bolesti, djece i financija i uzdamo se u Njega, On će zasigurno brinuti o svim stvarima za nas (Psalam 37:5).

Udovoljavajući Bogu koji ne laže nego iznosi ono što je On rekao, neka svatko od vas ispuni želju svojeg srca, daje veliku slavu Bogu i vodi blagoslovljen životu, u ime Isusa Krista ja se molim!

Autor:
Dr. Jaerock Lee

Dr. Jaerock Lee je rođen u Muan, Jeonnam provinciji Republici Koreji u 1943. Dr. Jaerock Lee rođen je 1943. godine u Muanu u provinciji Jeonnam u Republici Koreji. U svojim dvadesetim godinama sedam je godina patio od niza neizlječivih bolesti te je čekao smrt bez ikakve nade u oporavak. Međutim, jednoga dana u proljeće 1974. godine njegova ga je sestra dovela u crkvu i kada je kleknuo da moli, živi Bog ga je trenutno iscijelio od svih bolesti.

Od tog trenutka, kada se susreo s živim Bogom kroz to predivno iskustvo, Dr. Lee je volio Boga svim svojim srcem te je 1978. godine pozvan da bude Božji sluga. Žarko je molio te proveo mnogo vremena u postu kako bi mogao jasno razumjeti Božju volju, u potpunosti je provesti i biti poslušan Riječi Božjoj. Godine 1982. Osnovao je Manmin Central Church u Seulu u kojoj su se od tada dogodila nebrojena čudesna ozdravljenja te druga čuda i znakovi.

Godine 1986. Dr. Lee je zaređen za pastora Annual Assembly of Jesus Church u Koreji, a četiri godine kasnije, njegove su propovijedi emitirane u Australiji, Rusiji i na Filipinima. Ubrzo je još mnogo zemalja dosegnuto putem Dalekoistočnu radiotelevizijsku kompaniju Azijsku radiotelevizijsku stanicu i Kršćanski radio sustav u Washingtonu.

Godine 1993., tri godine nakon prve prvog emitiranja, Manmin Central Church izabrana je među „50 najuspješnijih crkava na svijetu" prema odabiru časopisa Christian World Magazin (Kršćanski svijet) te je pastoru Leeju Christian Faith College s Floride u SAD-u dodijelio titulu počasnog doktora teologije. Godine 1996. na Kingsway Theological Seminary u Iowi u SAD-u Dr. Lee je primio doktorsku titulu iz područja kršćanskog služenja.

Od 1993. Dr. Lee je vodio evangelizacije u mnogim udaljenim mjestima kao što su: Tanzanija, Argentina, Los Angeles, Baltimore, Hawai, New York, Uganda, Japan, Pakistan, Kenija, Filipini, Honduras, Indija, Rusija, Njemačka, Peru, Demokratska Republika Kongo, Izrael i Estonija.

Poznate i visokotiražne novine u Koreji su ga 2002. prepoznale kao „svjetski priznatog propovjednika probuđenja" zbog njegove silne službe u mnogim zemljama. Posebno je istaknuta njegova evangelizacijska kampanja „New York Crusade 2006" održana u Madison Square Gardenu, jednoj od najpoznatijih svjetskih dvorana. Taj se događaj prenosio uživo u 220 zemalja. A u evangelizacijskoj kampanji „Israel United Crusade 2009" održanoj u Međunarodnom konferencijskom centru u Jeruzalemu hrabro je propovijedao Isusa kao Mesiju i Spasitelja.

Njegove se propovijedi emitiraju u 176 zemalja putem satelita, uključujući GCN TV te je 2009. i 2010. uvršten među deset najuspješnijih kršćanskih vođa prema izboru popularnog ruskog kršćanskog časopisa In Victory (U pobjedi) i novinske agencije Christian Telegraph zahvaljujući moćnom služenju kroz emitiranje propovijedi i pastoralnom služenju u dalekim zemljama.

Od svibnja 2013. Manmin Central Church broji više od 120 000 članova. Postoje 10 000 crkava kćeri diljem svijeta, uključujući 26 u Koreji. Više od 129 misionara poslano je u 23 zemlje uključujući Sjedinjenje Američke Države, Rusiju, Kanadu, Japan, Kinu, Francusku, Indiju, Keniju i mnoge druge.

Što se tiče njegove izdavačke djelatnosti, Dr. Lee je izdao 85 knjiga uključujući bestsellere: Tasting eternal Life Before Death (Okusiti vječni život prije smrti), My Life My Faith I&II (Moj život, moja vjera I&II), The Message of the Cross (Poruka križa), Heaven I&II (Nebo I&II), Hell (Pakao), Awaken, Israel! (Probudi se, Izraele!) i Power of God (Božja sila). Njegova su djela prevedena na 75 jezika.

Njegove kršćanske kolumne pojavljuju se u novinama i časopisima: The Hankook Ilbo, The Joongang Daily, The Chosun Ilbo, The Dong- A Ilbo, The Munhwa Ilbo, The Seul Shinmun, The Kyungyang Shinmun, The Korean Economic Daily, The Koerea Herald, The Shisa News The Christian Press.

Dr. Lee je trenutno vođa mnogih misijskih organizacija i udruga. Njegove funkcije uključuju: predsjednik The United Holiness Church of Jesus Christ (Ujedninjene crkve svetosti Isusa Krista); predsjednik Manmin Word Mission (Organizacije za svjetsku misiju Manmin); doživotni predsjednik The World Christianity Revival Mission Association (Svjetsko misijsko udruženje za probuđenje unutar kršćanstva), osnivač i član odbora Global Christian Network – GCN (Globalne kršćanske mreže), osnivač i član odbora World Christian Doctors Network – WCDN (Svjetske mreže kršćanski liječnika) te osnivač i član odbora Manmin International Seminary – MIS, (Međunarodnog teološkog fakulteta Manmin).

Ostale moćne knjige istog autora

Raj I i II

Podrobna skica božanske životne okoline u kojoj uživaju stanovnici raja i prekrasan opis različitih razina nebeskog kraljevstva.

Poruka Križa

Moćna poruka razbuđivanja za sve ljude koji su u duhovnom snu! U ovoj ćete knjizi pronaći razlog zašto je Isus naš jedini Spasitelj i iskrenu Božju ljubav.

Pakao

Ozbiljna poruka cijelom čovječanstvu od Boga, koji ne želi da čak i jedna duša padne u dubine pakla! Otkrit ćete nikada prije objavljeni opis surove stvarnosti Hada i pakla.

Izraele, Probudi se

Zašto je Bog uperio pogled u Izrael od početka svijeta do današnjega dana? Koja je vrsta Njegove providnosti pripravljena za Izrael posljednjih dana, koji iščekuje Mesiju?

Moj Život, Moja Vjera I i II

Najmirisnija duhovna aroma izvučena kao ekstrakt iz života koji je procvjetao neusporedivom ljubavlju za Boga usred tamnih valova, hladnoga jarma i najdubljeg očaja.

www.urimbooks.com

www.ingramcontent.com/pod-product-compliance
Lightning Source LLC
LaVergne TN
LVHW051956060526
838201LV00059B/3686